非陆欧风

摩洛哥

洛洛 著

中国大百科全书出版社

图书在版编目（CIP）数据

非陆欧风摩洛哥：洛洛著. —北京：中国大百科全书出版社，2020.1

ISBN 978-7-5202-0680-8

Ⅰ. ①非… Ⅱ. ①洛… Ⅲ. ①摩洛哥－概况 Ⅳ. ①K941.6

中国版本图书馆 CIP 数据核字（2019）第 289737 号

责任编辑：王　绚
封面设计：吾然设计工作室
责任印制：邹景峰

出　　版：中国大百科全书出版社
地　　址：北京阜成门北大街 17 号
邮政编码：100037
电　　话：010-88390718
图文制作：北京竹页文化传媒有限公司
印　　制：北京瑞禾彩色印刷有限公司
开　　本：787 毫米 ×1092 毫米　1/16
印　　张：19.5
字　　数：200 千字
版　　次：2020 年 1 月第 1 版
印　　次：2020 年 1 月第 1 次印刷
书　　号：ISBN 978-7-5202-0680-8
定　　价：88.00 元

序

2017 年我履新中国驻摩洛哥大使之际，恰逢摩洛哥成为我国公民出境游"爆款"，年均数十万人次的中国公民来摩观光、考察、学习、工作，进一步促进了中摩两国的友好往来。对此，我倍感荣幸亦深感责任重大。

多年来，摩洛哥给我们的印象是遥远、神秘和异域，每每提及，最先想到的不是那部奥斯卡黑白电影《北非谍影》，就是三毛的"每想你一次，天上飘落一粒沙，从此形成了撒哈拉"。事实上，摩洛哥远不止于此。浩瀚的大西洋和温柔的地中海在此相拥，绵延的雪山和如火的沙漠演绎冰与火之歌，阿拉伯、欧洲、非洲以及本土柏柏尔文化交相辉映，形成了摩洛哥独特的个性和魅力。

千人概说摩国事，一书尽览大不同。通过一本有厚度、有温度之书，娓娓道来摩洛哥的历史与文化、自然与人文、权威信息发布等，新辟一扇了解摩洛哥之窗，是我长久以来的愿望，更得到了中国驻摩洛哥使馆全体外交官同仁的积极响应。他们用心观察和记录了在摩工作、生活以及身边的趣闻轶事、感悟随想，希望展现给读者一个真实、多元的摩洛哥，为即将来摩旅行、工作、学习的朋友提供对摩洛哥之初体验。

对此，我想感谢所有为《非陆欧风摩洛哥》付出努力的各方，他们是朱克玮、景宁、赵江平、汪灵琳、蒋凯、杨雷、宋双来、赵宁、孟冬雪、何婧南、常煜涵、郜申涵、丁悦、周鑫元、张翀、李率航、傅裕、张剑桥、张浩、刘涛、李姝寰、金少华以及关心支持使馆工作的文化中心、孔子学院、留学生和朋友们。我还想对中国美术家协会主席、中央美术学院院长范迪安、中国大百科全书出版社党委书记刘晓东、天津市文化旅游摄影协会常务副主席兼秘书长段铁军等友人的鼎力支持表示感谢。

　　祖国赋予外交官驻守五湖四海的责任，深化国家间友好，积极践行外交为民是我们不变的初心。多年海外时光，我亲眼见证了"国之交在于民相亲"的力量。越来越多的同胞走出国门、探索世界，每位出境公民本身也在为祖国代言，成为世界了解中国的名片。

　　世界因交流而美，文化因互鉴而荣。我衷心希望每一位本书的读者，无论是已经来过还是即将踏上，都能从书中找到心中的摩洛哥，都能从书中得到启发和借鉴，都能在摩洛哥留下美好记忆，都能用自身行动为中摩友好作出积极贡献。

李　立

中国驻摩洛哥大使

目　录

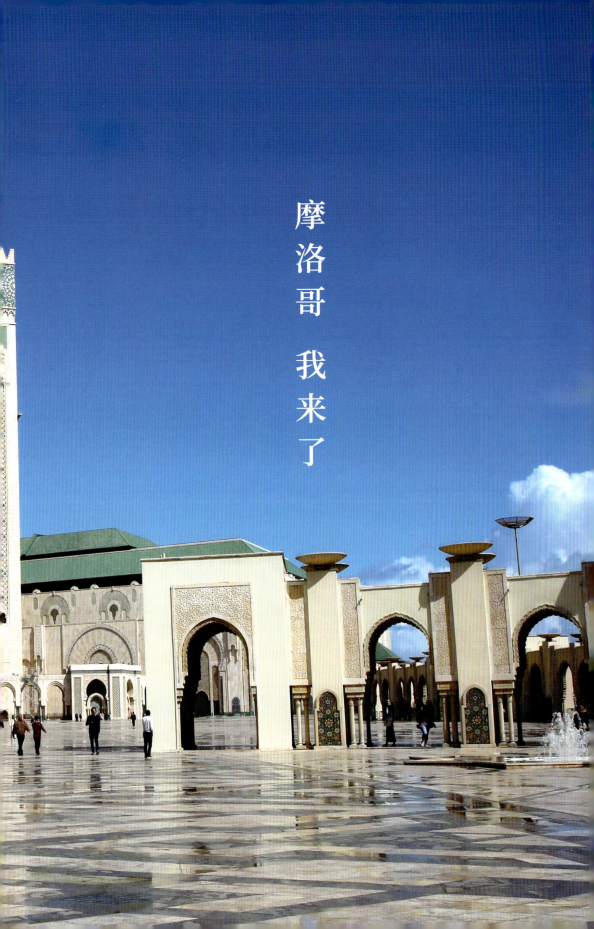

摩洛哥 我来了

说起非洲，很多人经常听到的词汇肯定有：炎热、贫穷、落后、饥饿、埃博拉、军事政变、恐怖分子等。2018 年，联合国确定的 47 个最不发达国家中，非洲就占 33 个。说起非洲，还有的人会想到动物大迁徙、东非大裂谷……那一定是记忆中《动物世界》带来的场面和故事。从记事开始，从没想到过有一天要去非洲，或许是机缘巧合，我居然来到了非洲，可却是《一千零一夜》梦开始的地方，是三毛与荷西魂牵梦绕的撒哈拉，是有着"北非花园"之称的摩洛哥。

对于这个国家你究竟了解多少呢？

饥馑战乱，没有；

刀耕火种那是过去时；

政局动荡不存在；

炎热酷暑更不沾边，北半球的夏季，你甚至可以来摩洛哥避暑；

路上没有老虎、没有猎豹、没有大象、没有长颈鹿……

但有猫，据说这里是猫的天堂！

摩洛哥王国，简称摩洛哥，是非洲西北角一个沿海的阿拉伯国家，东部以及东南部与阿尔及利亚接壤，南接撒哈拉沙漠，西部濒临大西洋，北隔直布罗陀海峡与西班牙相望，扼地中海入大西洋门户，是欧洲的后花园。由于在地理上靠近欧洲，历史上又与罗马帝国、法国、西班牙有过千丝万缕的纠葛，摩洛哥文化受到不少欧洲影响，建筑风格既有欧式的清新优雅，又有阿拉伯式的传统繁复。这样的冲突碰撞，在我眼中格外迷人。

摩洛哥境内地形多样，有陡峭的阿特拉斯山脉，也有平缓的高原戈壁，还有 1700 多千米海岸线旁狭长的平原。由于斜贯全境的山脉阻挡了南部的沙漠热浪，海滨城市气候宜人，绿树成荫，实在是夏日避暑的清凉胜地。

说起摩洛哥，很多国人似乎不太熟悉。而卡萨布兰卡，几乎无人不知、无人不晓。想想电影的力量还真是伟大，一部《北非谍影》，让所有的国人影迷们对这个陌生而又遥远的国度充满了无限的遐想，当然，更多的是关于浪漫爱情……"世界上有那么多的城镇，城镇中有那么多的酒馆，她却走进了我的。"这是老电影中的经典台词，也是我对摩洛哥的最初印象。对了，还有贝特·希金斯用低哑而魅惑的嗓音吟唱着的Please come back to me in Casablanca，Moroccan moonlight in your eyes（请回来卡萨布兰卡找我吧，你的眼里映着摩洛哥的月光），曲调悠扬，韵味悠长……

有人说，摩洛哥身在非洲，却不像非洲；不是欧洲，却近似欧洲；是阿拉伯国家，又不同于其他阿拉伯国家。它一半靠海，一半靠沙。

摩洛哥就是一本书，精彩绝伦的故事令人不忍掩卷；

摩洛哥就是一棵参天大树，西方文化和伊斯兰文明刻满了岁月的年轮；

摩洛哥就是上帝打翻的调色盘，用色彩沁润着白色的卡萨布兰卡、赭红的马拉喀什、蓝色的舍夫沙万……

摩洛哥就是一杯清冽醇香的美酒，每个人都会品出自己的味道！

摩洛哥就是一杯纯正的薄荷茶，先抿一口，是一千零一夜的苦，添一块糖，则是沙漠相见绿洲的甜……

欲采寄所思，不惮道路远！为了让希望来摩洛哥旅行、学习、经商的朋友们对这个国家多一些了解，我的同事和朋友们在闲暇之余用文字和镜头记录了身边的趣闻逸事和自己的所感所悟，为大家准备好了下一站说走就走旅程的行程单。

身未动，心已远。

Bon voyage au Maroc！

摩洛哥，我来了！

第一章

你好摩洛哥

摩 洛 哥 小 知 识

摩洛哥国旗

绿色五角星位于红色旗面正中央。红色和绿色都是伊斯兰教的传统颜色，此外红色还象征17世纪开始统治摩洛哥的阿拉维王朝，绿色五星的五条边象征伊斯兰"五功"：即"念、礼、斋、课、朝"。

摩洛哥国歌

《摩洛哥颂》，"自由的源泉，光明的源头，主权与平安在此聚首……"

摩洛哥国歌歌曲写于法国保护国时期，旨在于公共场合向摩洛哥国王表达敬意，是在当时法国驻摩洛哥总督利奥泰授意下，时任摩洛哥皇家卫队首席乐师的法国上尉列奥·摩尔刚（Léo Morgan）创作完成的。歌词则由摩洛哥诗人阿里·胡赛尼于1969年创作完成，主要歌颂摩洛哥人民热爱真主、国王和国家的感情。据传，1969年，摩洛哥国家足球队第一次打进将于1970年在墨西哥举行的世界杯，为使足球队届时可以演唱国歌，哈桑二世国王决定为国歌填词，并亲自组织了诗词大赛，来自全国的众多诗人竞相参赛。阿里·胡赛尼的作品得到国王青睐，最终被确定为国歌的歌词。

摩洛哥国徽

1957年8月14日，穆罕默德五世苏丹改称国王前一天颁布。盾形国徽的红色底色象征阿拉维王朝，正中央的绿色菱形饰带象征阿特拉斯山脉，与国旗上同款的绿色五角星象征伊斯兰"五功"，上方是一轮光芒四射的金色太阳，寓意马格里布，即日落之地，顶部的王冠象征人民对王室的忠诚，两边是勇猛威严的站立雄狮。在底部的金色饰带上，用阿拉伯文书写着《古兰经》经文："如果你们相助真主，他就相助你们。"

历史上的摩洛哥

摩洛哥是一个开放程度相对较高且深受欧洲文化影响的北非伊斯兰国家，其今日的整体形态同其历史发展渊源密不可分。摩洛哥曾屡遭外族入侵，从8世纪开始的"穆斯林征服"和1912年《非斯条约》的签订对摩洛哥现今呈现的情况影响最大。前者开启了摩洛哥伊斯兰化进程，后者则标志摩洛哥成为法国保护国，成为欧洲列强全球殖民体系的一部分。同时，殖民者的压迫也从外部促进了摩洛哥民族意识觉醒，现代摩洛哥国家的政治社会形态以及国民意识自此逐步形成。

■沃吕比利斯罗马古城遗址

伊斯兰文明以前的摩洛哥

摩洛哥这片拥有悠久历史韵味的土地上最早的居民是柏柏尔人，但柏柏尔人的活动范围并不仅限于摩洛哥。在整个非洲北部，从摩洛哥一直到埃及，至今都能找到他们留下的痕迹。今天摩洛哥的柏柏尔人更希望别人称他们为阿马齐格人（Amazigh）。柏柏尔人有自己的语言文字，即柏柏尔语，不同柏柏尔部落的信仰并不相同，分别信奉着各自的神明。

在伊斯兰文明到来之前，北非柏柏尔人曾建立过两个较大的王国：位于今摩洛哥北部地区的毛里塔尼亚王国和今阿尔及利亚东北部与突尼斯毗邻部分的努米底亚王国。虽然同为柏柏尔人，但是两国关系对抗多于合作。其中很重要的原因是两国时常受到比它们更强大的国家——罗马以及迦太基的影响。

要了解柏柏尔人的历史，不得不提当年发生在地中海地区的两场著名战争：罗马和迦太基争夺地中海霸权的布匿战争（公元前264年至公元前146年）以及罗马和努米底亚之间发生的努米底亚战争（公元前110年至公元前105年）。

布匿战争的直接交战双方是文明程度较高的古罗马人和来自地中海东岸的迦太基人。而毛里塔尼亚人因骁勇善战，在战争中经常受雇于罗马人。迦太基人被罗马人彻底消灭后，毛里塔尼亚人从罗马人那里获得了大量的奖赏和领地。

努米底亚战争同布匿战争一样，罗马人在毛里塔尼亚人的支持下取得了同努米底亚人战争的最终胜利，毛里塔尼亚人也渔翁得利，乘机吞并了整个努米底亚国的西部，也就是今天阿尔及利亚的大部分。

随着北非两大强国——迦太基和努米底亚的相继灭亡，罗马已经成为当时地中海地区最强大的国家。俗话说"飞鸟尽良弓藏、狡兔死走狗烹"，毛里塔尼亚王国由于领土广袤，兵强马壮，被罗马人视作了潜在的威胁，欲除之而后快。毛里塔尼亚人的皇帝波库斯一世死后，帝国因内部权力斗争分裂成了东西两个部分，东部由波库斯二世统治，西部由博古德二世治理。罗马人施计使东西部互相争斗，使波库斯帝国在内讧中元气大伤。公元前40年，罗马人将波库斯王朝的末代皇帝托勒密乌斯诱骗至罗马并处死，随后派兵进攻波库斯王朝，并于公元前46年将其吞并。自此，今天摩洛哥所在的这片土地成了罗马的两个行省。

非陆欧风
——摩洛哥

伊斯兰教在摩洛哥的传播

罗马人控制摩洛哥大约 6 个世纪之多。但古代交通不发达，从阿尔及利亚进入摩洛哥腹地需要穿过险恶的里夫山区或者阿特拉斯山区，故罗马人对远在非洲最西端、今天属于摩洛哥的这片土地控制力较弱，仅在丹吉尔、休达、沃吕比利斯等地建城驻军，广大的农村地区仍然是柏柏尔人自由的天堂。也因此，基督教在这里的传播和影响十分有限，柏柏尔人仍然以部落的方式存在并保持着自己的信仰。

公元七、八世纪，罗马帝国由盛转衰而分裂，北非地区基本处于东罗马帝国控制之下。与此同时，中东地区的阿拉伯帝国日渐强盛，并开始向北非扩张。公元 641 年夏，阿拉伯人占领埃及，随后乘胜大举西进，开始了对北非纵深的征服战争。阿拉伯人对北非共进行了 3 次大规模征服，从公元 644 年一直持续到公元 715 年。阿拉伯大军在北非大败东罗马军队，并于公元 710 年在 12000 名里夫山区柏柏尔人的协助下渡过直布罗陀海峡，于公元 713 年攻陷塞维利亚和整个西班牙南部，建立了阿拉伯人控制的安达卢西亚王国。随着阿拉伯人的征服，伊斯兰教在这里逐渐流传开来，摩洛哥也正式开启穆斯林王朝时代。

自此至公元 1660 年阿拉维王朝建立（不同文献记载略有出入），摩洛哥共经历了五大王朝：即伊德里斯王朝、穆拉比特王朝、穆瓦希德王朝、马林王朝和萨阿德王朝。同世界上大多数王朝一样，摩洛哥的各代王朝都经历过辉煌，但也都不可避免地走向衰落。

这期间的一些史实值得大家重视，它与摩洛哥一些重要旅游城市有关：公元 788 年，从中东逃到摩洛哥的贵族后代穆莱·伊德里斯在沃吕比利斯被当地柏柏尔部落拥立为王，创建了摩洛哥历史上第一个伊斯兰王朝——伊德里斯王朝。伊德里斯王朝建造了非斯城并确立为首都。在此期间，非斯城成为一座繁荣的阿拉伯城市，成为传播伊斯兰教及其文化的中心。世界上最古老的大学卡拉维因大学也建立于此。公元 1061 年，居住在撒哈拉沙漠的柏柏尔游牧部落穆拉比特人建立了穆拉比特王朝，修建了马拉喀什城，并于城市中修建了大量的清真寺和经学院，1070 年，穆拉比特王朝定都马拉喀什。马林王朝统治摩洛哥近 300 年，其间曾一度将势力拓展至西班牙南部地区，王朝都城迁往非斯。而建立萨阿德王朝的萨阿德人自称是先知穆罕默德的后裔，于 1603 年将都城迁回马拉喀什。

阿拉维王朝和摩洛哥沦为法国保护国

萨阿德王朝最后一个苏丹死后，整个王朝分裂为五派势力，互相争斗。来自摩洛哥东部塔菲拉勒特地区的阿拉维家族（相传阿拉维家族祖先来自沙特阿拉伯延布地区，是先知穆罕默德女儿法蒂玛的后代。）在领袖穆莱·穆罕默德的领导下同其他四股势力斗争并不断坐大。穆莱·穆罕默德去世后，其弟穆莱·拉希德统一了整个摩洛哥，阿拉维王朝正式登上历史舞台。

阿拉维王朝统治摩洛哥至今已超过 300 年，其间虽多次内忧外患，特别是受到欧洲列强尤其是西班牙、法国、英国的不断袭扰，但历任君主励精图治，基本有惊无险，顺利渡过难关。直到 19 世纪 30 年代之前，在双方多次交锋中各有输赢。但是经过第一次工业革命洗礼后的欧洲，从 19 世纪上半叶开始实力迅速增长，摩洛哥则因政治、宗教、地理等各种原因逐渐被欧洲国家甩在了后头。

1844 年，摩法伊斯里战役标志着摩洛哥开始走向衰落。战争的起因是，阿尔及利亚抵抗力量领袖阿卜杜·卡迪尔同法军战斗失利被迫撤退至摩洛哥境内，准备东山再起。阿卜杜·卡迪尔身世特殊，是摩洛哥伊德里斯王朝创始家族的后代，在摩洛哥境内有众多支持者和同情者。摩洛哥苏丹收留了卡迪尔并对其政治和军事行动给予了支持。但此举激怒了法国。1844年8月14日，法国比诺元帅率领11000名法军同4万名摩洛哥骑兵在摩阿边境伊斯里地区交战。法军凭借步枪大炮的优势，以楔形方阵直插摩军之中，很快将摩军切割成几块，猛烈的炮火也造成摩军大量减员直至溃散。

1844年9月10日，摩法签订和平协定，法军获得了陈兵摩洛哥边境并随时进入摩洛哥境内追捕阿尔及利亚抵抗者的权利，摩洛哥被迫承认阿卜杜·卡迪尔的活动为非法。法国成功在摩洛哥主权上撕开了一个口子。继法国之后，西班牙于1860年出兵占领摩洛哥北部的丹吉尔和得土安，在英国的"调停"下同摩洛哥签订《休达和平协定》，摩洛哥不得不放弃休达及周围地区的全部主权，给予西班牙最惠国待遇，并为赎回丹吉尔和得土安向西班牙赔偿一亿金法郎。由于摩洛哥难以支付该笔赔款，不得不向英国银行借款，并以关税收入做抵押，英国势力随之渗入摩洛哥的内政。

从1860年开始，摩洛哥经济逐步被法国、西班牙、英国等欧洲列强控制，农业、传统手工业受到欧洲工业化批量生产商品的严重冲击，国库入不敷出。1900年，摩洛哥的苏丹阿卜杜勒·阿齐兹曾尝试进行大规模"改革"，但由于缺乏资金，不但遭到了穷苦民众的暴力反抗，还因此欠下欧洲列强巨债，加速了国家的衰落。1904年，法国以抵押海关收入向摩洛哥贷款6250万法郎，一跃成为摩洛哥最大债主。同时，法国等欧洲列强在摩洛哥实行"保护人"制度。一时之间，为免受本国法律制裁，摩洛哥官员、商人寻求保护人资格成风，为此大行贿赂之事，贪污腐败成为普遍现象。法国还极力在摩洛哥驻军，在苏丹身边安插顾问，摩洛哥大部分地区的命运几乎完全被置于法国掌控之下。

1904 年，英法建立起了同盟关系，英国开始支持法国在摩洛哥问题上的自由行动权。1906 年，法国、英国、摩洛哥在内的 13 国在西班牙阿尔赫西拉斯举行会议，摩洛哥形式上的独立和主权被保留下来，但法国获得了除得土安、拉腊什以外所有摩洛哥大城市的控制权。

1912 年 3 月 30 日，摩洛哥正式沦为法国保护国。这一天，法国陈兵五千于摩洛哥非斯王宫城墙外，逼迫摩苏丹签订了《非斯条约》。该条约允许法国在摩洛哥驻军，代行摩洛哥的对外事务，向摩洛哥派遣总督，在摩洛哥境内进行法国政府认为有益的行政、司法、教育、经济、财政和军事改革，作为摩洛哥与外国间的唯一中介人，并基于维护社会和商业安全的考虑对摩洛哥进行军事占领。自此，摩洛哥丧失了国家的独立和领土完整，正式沦为法国保护国。

摩洛哥独立

1912 年至 1956 年，摩洛哥沦为法国保护国，法国按照本国模式在摩洛哥建立了现代经济机构和公共服务机构，如邮局、医院、港口、火车站等，客观上对摩洛哥经济、社会现代化进程起到了推动作用。法军以苏丹的名义平定了摩洛哥不同部落、特别是里夫山区柏柏尔人的叛乱，客观上在摩洛哥人民心中树立了阿拉维王权是摩洛哥唯一合法权力的理念，催化了以王权为核心的多民族国家的形成和民族意识的觉醒。与此同时，一些摩洛哥政党应运而生，他们或代表摩洛哥人向法国殖民者争取更多权利，或积极谋求摩洛哥的真正独立，其中影响力最大的是摩洛哥独立党（Istiqlal）。苏丹则对这些政党暗中支持，希望借此提高王室的影响力。

第二次世界大战使摩洛哥苏丹和民众意识到法国已失去了从前的国际地位，决定摆脱法国的束缚，争取民族独立。1947 年苏丹穆罕

■ 穆罕默德五世苏丹和罗斯福、丘吉尔在一起

默德五世在访问西班牙占领区的一次公众讲话中，拒绝按照惯例向
"热爱自由、帮助摩洛哥走向繁荣和发展的法国人致敬"。这被法国当
局看作严重的挑衅行为。此外，穆罕默德五世开始拒绝在法国总督府
递交的法令上加盖王印，导致法令无法生效。面对无声的抵抗，法国
政府决定采取行动。1951年，在法国人的支持下，马拉喀什的巴夏（相
当于地区行政长官）格拉维集结数千骑兵向首都拉巴特进军，要求苏
丹停止同民族主义政党的合作。在军事压力下，穆罕默德五世苏丹同
意停止同要求独立的摩洛哥政党往来，但摩洛哥人民的反法斗争并未
停止。1953年，法国人又命令格拉维集结20多个地方穆斯林首领发
起了要求废黜苏丹的请愿书，并得到了300多名摩洛哥重要人物的支
持。1953年8月13日，法国总督亲自前往拉巴特王宫，强迫穆罕默
德五世签署了废黜自己的诏书。

　　被废黜的穆罕默德五世苏丹以及未来的哈桑二世王储先被流放

至科西嘉岛，后又被流放至马达加斯加，法国人则扶植了穆罕默德·本·阿尔法为新苏丹。这一消息一经传开，摩洛哥各大城市便发生了大规模民众抗议示威甚至是暴动事件。众多穆斯林不承认傀儡苏丹，拒绝前往以傀儡苏丹名义举办祈祷仪式的清真寺做祷告。一些游击队和抵抗人士则开始策划刺杀傀儡苏丹和破坏设施的行动。一些法国民众也认为政府的做法是对《非斯条约》的践踏，法国共产党等左翼政党表达了对摩洛哥民众的支持。阿拉伯国家和亚洲国家也联合起来在联合国对法国的行径表示谴责。

摩洛哥人民争取独立的斗争持续了两年。1955 年，迫于各方压力，法国不得不同意穆罕默德五世苏丹返回摩洛哥。苏丹一家在机场受到了英雄凯旋般的欢迎。1956 年 3 月 2 日，法国和摩洛哥签署"独立宣言"，法国正式承认摩洛哥独立。1956 年 4 月 22 日，摩洛哥成为联合国成员国，1956 年 11 月 8 日正式独立。1957 年 8 月 14 日，摩洛哥将国名"谢里夫帝国"改为"摩洛哥王国"，苏丹改称国王。

带你走进摩洛哥的君主立宪制

对于摩洛哥，大家熟知的有绵延 1700 多千米的海岸线、蓝色的小镇、红色的大漠、狂热的足球、可口的美食……

实际上，摩洛哥和英国、日本等国家一样采用君主立宪制。阿拉维王朝从 1660 年建立，统治摩洛哥至今长达 3 个半世纪，现任国王穆罕默德六世是该王朝的第 22 位君主。国王的存在和其实施的政策，基本保证了摩洛哥近年来的稳定。在 2011 年"阿拉伯之春"中，突尼斯、埃及和利比亚等国政权易主，而摩洛哥独善其身，成为北非地区受到冲击最小的国家之一。

这个时尚的"网红国家"背后蕴藏了怎样的历史、宗教和文化，王权、伊斯兰宗教、宪政是如何有机统一的呢？

■拉巴特王宫

什么样的政体

我们先看一下摩洛哥政体的书面定义。摩现行宪法规定：摩洛哥为君主立宪制国家；国王是国家元首、宗教领袖和武装部队最高统帅；首相是"政府首脑"，由议会选举中得票最多的政党任命。可以看出，摩洛哥实行君主立宪制，国王拥有最高权力，但在国家治理上，采用效仿西方的行政、立法和司法"三权分立"体系。此外，宪法规定：任何宪法修正案不得触及伊斯兰宗教和君主制国体。

历史和宗教传承

摩洛哥的君主制根植于它的历史和宗教传承，可以追溯到公元 7 世纪创立的第一个王朝——伊德里斯王朝，统治时长延续 12 个世纪。而之后阿拉维王朝漫长的统治时期诞生了许多"伟大的君主"，包括穆莱·伊斯梅尔、穆莱·苏莱曼、哈桑一世……他们在开疆拓土、捍卫国家领土完整及抵御外敌侵略过程中，书写了光荣和辉煌的历史。历代君主的积淀和塑造，无疑是一笔雄厚的历史资本，牢牢树立了国王在普通民众心中不可动摇的地位。

宗教层面，阿拉维王朝君主制从伊斯兰教获得其统治的合法性，一是君主是埃米尔，是"信士的长官"，即最高宗教领袖；二是阿拉维家族是"先知"穆罕默德的后裔，是谢里夫，代表着纯洁和高贵的血统。

民族解放运动

从 15 世纪起，西方列强先后入侵摩洛哥。1912 年，摩洛哥沦为法国的保护国。同年，法国同西班牙签订《马德里条约》，摩洛哥北部地区和南部伊夫尼等地被划为西班牙保护地。第二次世界大战期间，摩洛哥民族主义者看到了法国的虚弱，拥护苏丹作为民族象征来反对保护国体制、争取国家独立。

第二次世界大战后，国际反殖民主义运动风起云涌，时任苏丹穆罕默德五世积极支持民族解放运动，与民族主义者保持紧密联系。1947年 4 月，穆罕默德五世在丹吉尔发表演说时有意遗漏对法国致敬的溢美之词，之后开始拒绝在一切法国总督府起草的法令上签字。1953 年，穆罕默德五世被法国总督废黜并流放至科西嘉岛和马达加斯加。1955年结束流放，1956 年摩洛哥独立。

■ 1955 年，穆罕默德五世回到摩洛哥

可以说，穆罕默德五世在摩洛哥民族解放运动中审时度势，与民族主义者保持紧密联系，积极反抗法国殖民者统治，为阿拉维王朝赢得了"国家解放者"的正面形象。

北非动荡和政治改革

摩洛哥虽然也受到 2011 年北非动荡的影响，却只是经历了一场"安静的革命"，民众在国外知名网站发起的"2 月 20 日"运动主要呼吁反对政府裙带关系和腐败，解决社会问题，与埃及、突尼斯等国抗议运动相比，总体规模较小，相对克制。

穆罕默德六世国王于 2011 年 3 月发表电视讲话，表示同意修改宪法，许诺进行综合性改革。主要包括：政府不再由王室确定，而是由选举中获胜的政党来组成，加强议会权力，强化监督职能；加强司法独立性；首相也由选举中获胜的政党提名，政府首脑地位和权力有所提升。

通过一系列改革举措，摩洛哥安然度过一场席卷阿拉伯世界的社会动荡，成为北非动荡中的特例。可以说，摩洛哥是一个传统与现代并存的国家，既保持了传统的君主制，又建立起了与国情相适应的现代国家行政体制，王室、政府、议会、政党、宗教派别和谐共存，社会相对平静稳定。

阿拉维王朝的君主们

一提到王室，大家肯定会联想到威严卓绝的国王、高大英俊的王子、美如天仙的公主以及富丽堂皇的宫殿，当然还有那些发生在深宫大院里不为人知的宫廷秘事。摩洛哥的阿拉维王室自1660年开始统治摩洛哥，直至今日已有350多年的历史，是世界上历史最悠久的王室之一。

■ 穆莱·伊斯梅尔苏丹

千里寻祖

公元13世纪马林王朝（Mérinides）时期，生活在塔菲拉勒特（Tafilalet）地区的人们长期忍受着干旱和饥饿的煎熬。该地区有一个叫作锡吉勒马萨（Sijilmassa）的地方，那里的居民认为，灾难的降临说明当地已经没有谢里夫了，所以他们决定在去麦加朝圣的时候，派一队人马到希贾兹（Hedjaz）寻找一位新的精神领袖。

进入希贾兹地区，这支沙漠游牧队伍来到红海边的商业城市延布（Yanboue），拜访了先知穆罕默德女儿法蒂玛的第20代传人卡西姆·本·穆罕默德（Qasim Ibn Mohammed）。卡西姆在当地颇具声望，被公认为最虔诚的谢里夫。于是，锡吉勒马萨的代表们请求卡西姆允许他的一个儿子跟随骆驼队一起回到马格里布，成为他们新的伊玛目。

卡西姆答应了信徒们的请求，于是开始逐一询问他的8个儿子。

第一题："如果有人行善于你，你会怎么做？"

八子均答"将行善于人"。

第二题："如果有人作恶于你，你会怎么做？"

七子答"以恶还恶"。另外一名叫作哈桑的儿子答"以德报怨"。

于是卡西姆追问哈桑，如果此人继续作恶呢？

哈桑说，那就继续行善，一直到善行终结他的罪恶。

就这样，哈桑在众兄弟中被卡西姆选中前往锡吉勒马萨担任精神领袖。他的到来，如民众所愿，结束了持久的干旱。后人称他为哈桑·阿达赫（Hassan Addakhil）。他的第七代传人，号称"威武之狮"的穆莱·阿里·谢里夫（Moulay Ali Cherif），就是阿拉维王朝的第一位苏丹穆莱·拉希德之父。

王朝奠基者：穆莱·伊斯梅尔苏丹

穆莱·伊斯梅尔是阿拉维王朝第二位苏丹，阿拉维王朝创始人穆莱·拉希德同父异母的兄弟。伊斯梅尔苏丹 1672 年登基之时，阿拉维王朝刚刚建立，摩洛哥仍处于诸侯林立的境地。他在塔菲拉勒特的兄弟穆莱·哈兰，在马拉喀什和苏斯一带的侄子艾哈迈德·伊本·马赫拉兹，以及西北地区的海盗加伊蓝，纷纷起兵反叛，企图夺取王位。此外，同时期的东方强国奥斯曼土耳其帝国也对摩洛哥虎视眈眈。尽管处境危险，年轻的苏丹决定通过军事和行政改革，把摩洛哥建成一个强国。

在阿拉维王朝以前，摩洛哥军队雇用了大量的欧洲天主教徒，其中一些已伊斯兰化。虽然欧洲人的存在有利于摩洛哥军队的现代化，但每当作战，这些雇用兵的弱点便暴露无遗。他们缺乏坚定的意志，战场开小差的事屡见不鲜。登基伊始，伊斯梅尔苏丹就确定了建立一支强大军队的目标，并为此痛下决心实施改革。首先，他大量削减欧洲雇用兵数量，仅在技术类兵种如炮兵、工程兵中保留。其次，招募大批黑人士兵。这些士兵 10 来岁就开始做苦力，经历磨炼后从 14 岁开始接受战斗训练，学习马术、枪械兵器使用等，至18岁编入战斗部队。黑人士兵只能娶黑人为妻，生老病死由国库负担，后代仍然接受与父辈同样的训练，世代效忠国王。据称，在伊斯梅尔苏丹去世时，整个摩军中约有15万名黑人士兵。最后，向境内支持阿拉维王朝的各部落征募士兵，数量几乎与黑人军团相当。伊斯梅尔苏丹借此建立起一套崭新的军事体系，既融合了欧洲的军事技术，又通过黑人士兵和当地人共存实现了相互制衡。伊斯梅尔苏丹还启用了行宫制度，定期前往不同省份的王宫居住，一方面通过直接征税，牢牢把握税收大权；另一方面坐镇督办具体事项，大幅提高了行政部门的工作效率，确保了王国稳定。据称，伊斯梅尔苏丹从来不在安定的省份居住。

通过改革，阿拉维王朝国库日渐充实，军队战斗力也有很大提升。此后20年间，伊斯梅尔苏丹率军平定了内部叛乱，并且派重兵把守国家东部地区，有效地防范了奥斯曼土耳其的进攻，使摩洛哥成为北非唯一一个未被奥斯曼帝国征服的阿拉伯国家。

与此同时，伊斯梅尔苏丹还积极向外拓展摩洛哥的势力范围。从1681年至1691年10年间分别从西班牙、葡萄牙和英国人手中收回了梅利利亚、丹吉尔、拉腊什、艾西拉，并围攻西班牙人占领的休达长达27年之久。此外，阿拉维王朝还不断向非洲南部扩张，将今天的毛里塔尼亚变成了摩洛哥的保护国，并通过联姻将势力范围一直延伸至塞内加尔河以东。

伊斯梅尔苏丹也是一位活跃的外交家。17世纪末至18世纪初期，摩洛哥海盗闻名地中海。拉巴特的姊妹城市萨累当时是海盗的大本营。从这里出发的海盗船只经常在大西洋、直布罗陀海峡和地中海袭击欧洲船只，劫持船员并向欧洲国家索要高额赎金，使得法国在内的欧洲各国苦不堪言。为打击摩洛哥海盗，"太阳王"路易十四于1671年至1687年曾数次派战舰对萨累等地进行轰击，摧毁大量海盗船和沿海防御工事，营救被掳走的法国船员，并欲与伊斯梅尔苏丹签订禁止海盗行为的条约。两国交战互有输赢，且摩洛哥实际并不想同法国交恶，反而希望获得法国支持，早日收复被西班牙占领的领土。两国遂派遣使节开始了旷日持久的谈判。虽然谈判最终失败，但双方的外交和军事往来大大提升了摩洛哥在地中海地区的影响力。

伊斯梅尔苏丹对摩洛哥历史具有巨大影响。在他执政时期，阿拉维王朝统一了摩洛哥，收复了多个被欧洲列强占领的城市，抵御了来自东方奥斯曼土耳其帝国的威胁，建立了具有摩洛哥特色的行政和军事体系，为巩固王国统治奠定了坚实的基础。

民族独立领袖：穆罕默德五世国王

欧洲工业革命在飞速发展的同时，也给毗邻的非洲大陆带来了灾难。彼时的摩洛哥也未曾幸免，沦为欧洲列强侵略和掠夺的对象，一度成为法国的"保护国"。

正所谓哪里有压迫，哪里就有反抗。摩洛哥有一位伟大的国王，被世代子民敬为国父。在殖民时期，他带领摩洛哥人民同西方殖民者进行抗争，忍辱负重，最终实现国家的独立。他就是摩洛哥独立领袖——穆罕默德五世国王。

穆罕默德五世国王名为希迪·穆罕默德·本·优素福，1909年8月10日出生于非斯，是穆莱·优素福苏丹的第三个儿子。1927年，被法国殖民者选中成为苏丹。

他支持国家民族主义运动，不惧法国殖民者的强势压力，公开表示摩洛哥复兴和反抗占领的决心，得到人民的广泛支持；多次向法国政府提出改变"保护制度"，拒绝在法国提出不再支持独立运动的案文上签字，并因此被废黜，全家被流放到科西嘉岛和马达加斯加岛。

经过摩洛哥人民长期而坚决的斗争，1955 年，希迪·穆罕默德苏丹回到摩洛哥，与法国、西班牙就独立问题进行谈判，废除确定法摩保护关系的《非斯条约》，收复西属丹吉尔，实现国家独立，建立君主立宪制国家，成为摩洛哥独立后的第一位国王。首都拉巴特的穆罕默德五世墓就是这位"开国之父"的陵寝。

现代王权缔造者：哈桑二世国王

哈桑二世国王名叫穆莱·哈桑，出生于 1929 年 7 月 9 日，是阿拉维王朝第 21 位君主。哈桑二世国王自幼在父亲穆罕默德五世苏丹的指导下接受了严格的宫廷教育，不仅学习伊斯兰教典籍和阿拉伯语、法语、西班牙语、英语，还跟随父亲参与众多政治活动，对摩洛哥内政外交事务了如指掌。1951 年，哈桑二世国王毕业于法国波尔多大学法学系，获得公共法律专业高等学位。学成回国后刚一年，年轻的哈桑王储就因从事针对法国殖民者的抵制活动而与穆罕默德五世苏丹一道被流放至法国的科西嘉岛，随后又被流放至马达加斯加。两年的流放生活磨炼了哈桑王储的心智，让他更清晰地认识到摩洛哥争取独立和自由的必要性。1955 年 11 月 23 日，哈桑王储同父亲穆罕默德五世苏丹回到摩洛哥，受到全国人民的夹道欢迎。1961 年 3 月 3 日，穆罕默德五世国王去世，哈桑王储即位。

哈桑二世国王执政期间，王室虽受到民众欢迎，但仍需时刻提防各方反对势力的威胁。也因此，哈桑二世国王曾多次经历暗杀，但都有惊无险。1971 年 7 月 10 日下午两点，国王正在斯基拉特王宫庆祝自己的 42 岁生日，600 多名士兵冲进宴会厅，对宾客开枪并投掷手榴弹，造成大量人员伤亡。幸好国王反应迅速，紧急撤离至安全地带才幸免于难。事后调查显示，开枪士兵实际上是被军方反对势力误导，以为国王被囚禁在王宫内，为了营救国王才朝人群开枪。1972 年，哈桑二世国王乘专机回国途中，在空中遭到两架摩洛哥皇家空军战斗机扫射，专机驾驶员凭借高超的飞行技巧，成功使飞机迫降，国王再次逃过一劫。数次死里逃生后，哈桑二世国王在军队中掀起了大规模的整肃行动，确立了军队对王室的绝对效忠。

除了要面对反对势力的威胁，哈桑国王还需要迎接不同政治力量的挑战。在摩洛哥颇具影响力的独立党（Istiqlal）、人民力量全国联盟(UNFP) 等政党经常在国内举行游行示威，同王室抗衡。为稳固政局，在哈桑二世国王的主导下，摩洛哥先后于 1962 年、1970 年、1972 年、1990 年、1996 年颁布了 5 部宪法，不断调整王室和政治力量之间以及政治力量相互之间的关系。经过 30 多年的政治博弈，摩洛哥最终确立了以国王为核心的君主立宪制。国王既是国家的最高宗教领袖，也是最高政治领导，拥有绝对的权力，各政党则在宪法规定的范围内参与政治活动。哈桑二世国王通过锐意的政治改革，巩固了王权，维护了摩洛哥的稳定，为摩洛哥未来的发展奠定了基础。

哈桑二世国王以维护国家统一为己任，在位期间主张北非国家团结。他积极发展同发展中国家的关系。1963 年，中华人民共和国总理周恩来、副总理陈毅访问摩洛哥，受到了哈桑二世国王的热情接待，为中摩两国世代友好奠定了牢固的基础。

新时代领路人：穆罕默德六世国王

摩洛哥现任国王穆罕默德六世出生于 1963 年 8 月 21 日，1985 年毕业于穆罕默德五世大学法学院，获得公法法学学士学位，1993 年获得法学博士学位。1999 年哈桑二世国王去世，穆罕默德六世国王继位，成为阿拉维王朝第 22 位君主。

■穆罕默德六世国王

年轻的穆罕默德六世国王生于优渥，长在宫廷。他不仅掌握多门外语，而且是赛艇、马术、游泳等众多体育项目的好手，代表着独立后摩洛哥的年青一代。

穆罕默德六世国王执政之初，国家发展落后，经济总量排在世界100名开外。他遇到的首要难题就是带领人民脱贫致富。在一次公共演讲中，穆罕默德六世国王表示不愿意做穷人的国王，将大力发展国民经济。他大胆起用新人，挑选了一大批毕业于美国和法国顶尖院校的高才生担任政府和公共机构的负责人，并举全国之力进行大型公共工程建设，如丹吉尔地中海港、卡萨布兰卡港、摩洛哥全国输电项目、丹吉尔至卡萨布兰卡高铁项目，以及数千千米的高速公路项目等。此外，穆罕默德六世国王还重视简政放权，对地方行政机构进行了现代化改革，承诺给予地方政府更大的自主权。经过十几年发展，尽管在农村地区脱贫任务仍然艰巨，但改革措施效果已经显现，卡萨布兰卡、丹吉尔、拉巴特、马拉喀什等大城市的面貌已经焕然一新，中产阶级群体逐渐壮大，摩洛哥已经跻身中等收入水平国家行列。

国王执政面临的另一个挑战来自社会层面。摩洛哥独立以后的大半个世纪里，柏柏尔人曾通过各种途径来争取他们的权利。穆罕默德六世国王从民族团结角度出发，于2001年7月30日宣布承认柏柏尔文化是摩洛哥文明和身份的核心组成部分，于2002年伊始下令成立皇家柏柏尔文化学院，极大促进了摩洛哥不同民族的相互认同感。穆罕默德六世国王还致力于提升妇女地位，于2003年10月在议会宣布改革家庭法案，不再鼓励一夫多妻制，强调夫妻双方离婚时权利对等。

2011年"阿拉伯之春"中，北非多国出现动荡，摩洛哥也爆发了示威游行。开明的穆罕默德六世国王不仅允许民众和平示威，还迅速承诺制定新宪法，同意放弃部分王权，增加民选政府的权力。摩洛哥政坛新风袭来，出现了在国王领导下，左、中、右翼政党百家争鸣的局面。

穆罕默德六世国王积极拓展与世界各国的关系。在他领导下，摩洛哥重返非盟，极大提高了在非洲的影响力；通过打击恐怖势力、打击偷渡及贩卖毒品等进一步密切同欧盟的合作；积极"向东看"，发展同中国等亚洲国家关系。2016年穆罕默德六世国王访华，宣布摩洛哥对中国公民全面免除签证。3年来，中国公民赴摩从年均5千人增长至近20万人。大量中国游客的到访增加了摩洛哥的旅游收入，促进摩洛哥旅游服务业的发展，也加深了两国人民间的相互了解和友谊。

多重属性　多元外交

"摩洛哥是一棵参天大树，深深植根于非洲大陆，并通过枝叶呼吸着欧洲的空气。"

——摩洛哥哈桑二世国王

摩洛哥兼具北非、地中海和阿拉伯三重身份，地处非洲，北上是欧洲，东向是阿拉伯世界，西隔浩瀚大西洋同美洲相望，得天独厚的地理位置为摩洛哥提供了广阔的发挥舞台。由于地缘政治原因，摩洛哥外交呈"南北纵深发展"，尤为重视摩欧和摩非两组关系。

对欧洲，摩洛哥积极深化同欧盟关系，双方安全和情报部门围绕非法移民、反恐、去极端化、打击偷渡和毒品犯罪等问题积极开展合作。摩洛哥在欧洲有近 300 万侨民，主要分布在法国、西班牙、比利时、意大利、荷兰等国，他们加强了欧洲国家同摩洛哥的民间联系，同时每年还向摩洛哥输入大量侨汇，成为摩洛哥外汇的重要收入来源。不少在欧洲接受过高等教育并小有成就的海外摩洛哥人乐意回摩洛哥投资，带回了欧洲的资金、技术和经验，助力国家经济发展。

在经济方面，欧盟是摩洛哥最大的贸易伙伴、投资方和援助方。摩洛哥利用靠近欧洲的区位优势，积极在国内沿海城市建立港口保税区，利用劳动力价格优势承接欧洲转移产能，同时促进本国汽车、航天等制造业及周边产业的发展。摩洛哥气候多样、农产品多元、渔业资源丰富、家禽肉类养殖业发达，许多果蔬食品早已被端上了欧洲家庭的餐桌。

对非洲，摩洛哥于 2017 年年初重返非洲联盟，日益重视在非洲发挥自身影响力，争取更多非洲国家支持其重大关切问题。近年来，摩洛哥利用自身在制造装配、港口、农业、医疗、银行金融、教育、科研等领域的优势和相对先进的管理经验，在撒哈拉以南非洲推广对非合作，并在维和、反恐、非法移民和难民管理、国家治理、公共政策

等问题上同非洲国家积极配合，接纳非洲国家难民，为非洲伊斯兰国家培养宗教人员，获得了越来越多非洲国家的认可。

除了摩欧、摩非关系以外，摩洛哥也注重同中国、俄罗斯、美国、海湾国家发展友好关系。总体来说，摩洛哥奉行不结盟和灵活、务实、多元的外交政策，重视对外关系均衡发展，这为其维护国家独立、主权和领土完整，保卫国家安全利益、服务国家经济建设和发展战略提供了可靠保障。

2017年，摩洛哥同中国签署"一带一路"合作谅解备忘录，摩洛哥成为中国认识非洲、地中海和阿拉伯文明的窗口，其稳定的政治基础，丰富的对非合作经验都将有利于中摩合作的不断深化。相信未来中摩在商业贸易、基础设施、能源、电子、通信、文化交流等各个方面的交流合作将越来越密切，中摩合作的前景将越来越美好。

『一带一路』上遇见美丽的你

2018 年庆祝中摩建交 60 周年的晚会，我有幸参与其中并用相机记录精彩瞬间。在晚会接近尾声的时候，参加庆典活动的政要集体与一对青年夫妇合影。摩洛哥众议长、摩洛哥政府秘书长、摩洛哥教育大臣、摩洛哥外交部秘书长、摩洛哥首富银行家本杰伦、中国两任驻摩洛哥大使等政要鼓掌为他们送上美好祝福。在按下快门的时候我对这对青年夫妇产生了好奇，小伙子身材高大挺拔，相貌俊朗，唇角挂着浅浅的笑意，是典型的中国面孔。身旁的女子身材高挑，脸部轮廓分明，五官精致，清丽秀雅的脸上荡漾着春天般美丽的笑容，尤其那双又大又亮的眼睛和褐色披肩长发，无不展示出阿拉伯女孩的雍容典雅。我忍不住询问身旁的朋友：这两位是谁呀？

故事还要慢慢讲。2017 年 11 月，中摩两国在北京签署了《中摩两国共建"一带一路"谅解备忘录》，摩洛哥成为首个加入"一带一路"倡议的马格里布地区国家。伴随着"一带一路"建设，众多有志青年投身其中，有年轻人的地方从来不缺少爱情……

"一带一路"带来的爱情

　　晚会上的男主角叫张乐，出生在中国张家口的长城脚下，标准的燕赵男儿。27岁的张乐现就职于山东电力建设第三工程有限公司摩洛哥努奥二三期光热电站项目。这个项目是"一带一路"框架下中国公司在海外执行的首个大型光热项目，两期项目建成后将有效地缓解摩洛哥电力紧缺的局面，也为世界太阳能光热电站建设树立了新的标杆。女主角卡丽玛，25岁的柏柏尔姑娘，出生在神秘国度摩洛哥瓦尔扎扎特。瓦尔扎扎特是撒哈拉沙漠边缘的一座小城，也是摩洛哥柏柏尔人的最早家园，因为它地处西撒哈拉沙漠的门户，因此，瓦尔扎扎特也被人们称作"沙漠之门"。在那里，诞生了奇妙的《一千零一夜》；在那里，弥漫着三毛与荷西的爱情气息。

　　张乐和卡丽玛因工作结缘。初到光热电站项目工作的卡丽玛对环境比较陌生，虽然在自己的家乡，但是这么大的项目还是和外国人合作，让卡丽玛时常感到很多问题难以处理，不得不经常向身边的中国同事请教。所谓爱情就是在最需要你的地方，恰好身边有你。卡丽玛在工作中经常向张乐问这问那，不知不觉间，那一个人，那一道景，那一种情感，已经永远烙印在了两个人的生命中，融入了骨髓。异国姑娘的美丽温柔拨动了张乐的心弦，他鼓起勇气向卡丽玛要了联系方式。我私下里问过张乐，你认为卡丽玛为什么会爱上你。张乐说：我心里知道，作为一位阿拉伯世界里的女孩，她对我这个中国人也是很有好奇心的，况且几十年以来我们中国人一直坚持不懈地支持阿拉伯国家，他们的老百姓对中国人也是极富好感。在两个人的交往中，卡丽玛看到了中国的快速发展和在国际上地位的提高，注意到中国小伙子的勤劳、认真的工作精神。尤其被中国男孩子包容、专一的恋爱观所打动。中国丈夫对妻子尊重、理解与支持是她这个生活在阿拉伯文化背景下女孩的深深向往。

遇见不一样的美丽

择一人深爱，痴一人情深，倾一生岁月，共度朝夕。在东方世界里，阿拉伯女子要算是典型的美女了，她们的眼睛特别好看，我发现几乎每个女孩都长着一双大大的黑眼睛，眉毛浓浓的、睫毛长长的、眼窝深深的、鼻尖高高的，五官轮廓清晰，特别是当她们面带羞涩，用那美丽的大眼睛看着你的时候，那种美的感觉是难以用语言来描绘的。卡丽玛给人的印象就是一位漂亮的阿拉伯女孩。经过一段交往，虽然没有轰轰烈烈的表白仪式，也没有贵重的礼物奉献，但是张乐认定身边这个爱笑、有着和中国姑娘不一样美丽的女孩就是自己的真爱。

卡丽玛曾经对张乐说过："无论你到哪里我都跟着你。"这句话对于经常在外工作奔波的张乐来说，触动到了他最为柔软的内心。天天和工作打交道的汉子也被卡丽玛的温柔和不掺杂念纯粹的爱情观打动了。张乐告诉卡丽玛，两个人，只要心在一起，能互相念着、喜欢着，彼此依

偎温暖着比什么都好，将来要带她去她梦想去的迪士尼，游遍中国，去她想去的每一个地方。

爱上中国的洋媳妇

卡丽玛告诉我，她去过两次中国，爱上张乐也就爱上了中国。第一次是中国过春节，和张乐在中国办理了结婚登记手续。公公婆婆对她关心备至，没有因为她是一个外国人而感到一点生疏，她被中国家庭的和睦氛围深深地感染着。在丈夫的家乡她看到了传说中的万里长城。在她的心目中，中国的长城蜿蜒万里、气魄雄伟，不只是一座建筑，更是中国的象征和骄傲，两个相爱的人在张家口大境门留下了甜蜜的回忆。在北京还游览了故宫，看到了令人惊奇的"鸟巢"。卡丽玛说中国是个迷人的国家，拥有美丽壮阔的自然风景和悠久的历史文化，人和人之间都非常友好，每个人都很看重家庭与团体的利益，大家愿意为了一致的目标而共同努力。在中国的街头，她发现警察都不带枪，让人感到很安全。她最喜欢中国的城市，高质量的基础设施、机场，有着世界上无与伦比的高铁网络，漂亮的酒店、商场、餐厅和咖啡馆以及美丽的公园。中国给人的感觉很先进，还有移动支付、滴滴打车和支付宝非常方便，这简直就是一个奇迹。

第二次去中国，卡丽玛在丈夫的家乡举办了中式婚礼，拍了喜庆的中国婚纱照。婚礼当天红衣华服，她告诉我：中国人以红为喜，中式婚礼是大红色的基调，婚礼请柬都是红色的，上面有漂亮的纹饰图案、精美而大方。接亲的车队、甜甜的喜糖、掀起来的红盖头、亲朋好友对自己的喜爱和祝福，是她一生的美好回忆。婚礼结束后，在中国的蜜月去了上海、苏州和西塘古镇旅行，实现了自己去上海迪士尼的梦想。

青春奋斗的脚步永不停歇

在聊到中国和摩洛哥的文化差异时，卡丽玛说，中国的历史和快速发展是最让她敬佩和惊喜的。虽然中国和摩洛哥交往的历史很久，不过因为中国和摩洛哥相隔太远了，摩洛哥人还不是很了解中国。她很幸运在中国项目工作，不仅学习到了很多中国的文化，钦佩中国人勤劳、认真的工作精神，也知道了"百善孝为先"的中国传统，看到了中国年轻人对父母长辈的谦卑和孝顺。文化差异肯定是存在的，但是在共同生活中最重要的是互相尊重，尊重对方的生活习惯和文化习俗，同时互相学习也是必要的，互相学习对方的文化，包括语言。两个人一起过两个国家的节日，享受迥异的美食，一起到各地旅行。她相信只要两个人在一起努力，无论走到哪里都会有美好的生活。

谈到小两口对未来的规划，张乐说，自己在摩洛哥已经3年多了，或许还有下一个3年。摩洛哥是一个非常美丽的国家，有着丰富的旅游资源，这里的美景让人流连忘返。摩洛哥人朴实热情，即使是陌生人也会互相友好的打招呼问候。同时摩洛哥是一个开放包容的伊斯兰国家。人们对信仰很虔诚，同时又很能容纳和学习其他的文化。这里的年轻人不仅讲阿拉伯语、法语，也讲英语。3年来，摩洛哥不断发展着进步着。"一带一路"的高质量建设和中国进一步扩大开放的政策主张，为中国和摩洛哥共同发展提供了新机遇。我们俩因光热项目结缘，公司的领导对我们给予了非常大的支持，我们要努力做好自己的本职工作，为公司的建设、为摩洛哥的新能源发展贡献自己的一分力量。

"国之交在于民相亲，民相亲在于心相通"，而"民相亲、心相通"要从青年做起。时代向前，青年向上，青春奋斗的脚步将永不停歇。他们的爱情故事会伴随着"一带一路"走得更远，续写着中摩友谊的传奇。

世纪旅行家——伊本·白图泰

摩洛哥旅行家伊本·白图泰（又译伊本·拔图塔）是中国与摩洛哥交往的先驱，也是历史上阿拉伯世界最负盛名的旅行家，可与欧洲的马可·波罗齐名。他几乎游历了当时伊斯兰世界的所

有国家，可能是蒸汽机和火车发明前旅行路程最长的人。摩洛哥人视他为英雄，近代的天文学家则用他的名字命名了月球上一座环形山。

人物小档案

姓　　名	艾布·阿卜杜拉·穆罕默德·本·阿卜杜拉（1304年—1377年）
别　　名	伊本·白图泰
出 生 地	丹吉尔
籍　　贯	黎波里的莱瓦提部落
信　　仰	伊斯兰教
职　　业	探险家、大法官
家庭背景	知识分子家庭，祖辈曾做过法官、伊斯兰教教长
代表作品	《旅途列国奇观录》
主要成就	3次洲际旅行

1325年至1354年，伊本·白图泰历时28年完成了3次洲际旅行，行程10万多千米，足迹遍及非、亚、欧三大洲30多个国家和地区。返回摩洛哥后，受到当时的苏丹艾布·阿南盛情款待，苏丹希望将他的奇异经历记载下来流传后世，便命王宫书记官艾布·阿卜杜拉·朱泽笔录其全部的旅行经历和见闻。经过三个多月的编纂，形成了一部研究中世纪亚、欧、非洲国家政治、经济、历史、文化、社会和民俗的历史名著《旅途列国奇观录》。这一著作迄今已被译成近20种文字在世界广为流传，原版保存在拉巴特皇家图书馆。中国宁夏人民出版社于1985年出版了该书的中译本，题为《伊本·白图泰游记》。

早年之旅

1325 年，21 岁的白图泰正式"出道"，怀着对知识和前往圣城麦加朝觐的渴望，他不顾双亲的年迈，像羽翼刚丰满的小鸟一样离开巢穴，一个人骑着毛驴离开故乡丹吉尔，踏上了第一次外出旅行的征程。

他首先到达了当时王国的首都，在那里遇到了突尼斯国王派来摩洛哥的使者、法官、伊斯兰教教长和商人，于是几人结伴成旅，一起经阿尔及利亚前往突尼斯。到突尼斯后，白图泰和一名当地女子结了婚，后来由于和岳父家人发生争执，他离开了突尼斯，前往埃及。白图泰在开罗游览了金字塔和狮身人面像，随后又去了卢克索、阿斯旺。

从埃及到麦加有 3 条线路，白图泰选择了最短的一条，即沿尼罗河逆流而上，准备从今天的苏丹港过红海去麦加。到苏丹恰好遇到当地爆发叛乱，他无奈只好折回开罗。据说白图泰在途中遇到一位"圣人"，预言他除非先去叙利亚，否则永远到不了麦加，于是他便决定先去大马士革，沿途参拜耶路撒冷等圣地后再去麦加。

这次白图泰沿尼罗河顺流而下，从埃及北部出境到现在的加沙，又到了希布伦、耶路撒冷。1326 年 8 月，经贝鲁特、东的黎波里、阿勒颇到达大马士革。他赞美大马士革是东方的天堂，由罗马基督教堂改建的伍麦叶清真寺精美华丽。此后，白图泰同当地一支朝觐队伍一起顺利抵达了麦地那，拜谒了先知穆罕默德清真寺，然后自麦地那到麦加完成了他作为穆斯林到麦加朝觐的神圣目标。他游览了山谷中长方形的麦加城，在麦加清真寺做礼拜，膜拜黑玄圣石"克尔白"，与来自阿拉伯世界各地的穆斯林进行了广泛交流。第一次朝觐后，白图泰同包括伊拉克王子在内的伊拉克人、波斯人等组成庞大的马队离开麦加前往伊拉克，受到伊拉克国王赛义德召见，并为他再次朝觐提供了粮食和坐骑。1327 年第 2 次朝觐后，白图泰一直居住在麦加附近，又连续进行了 2 次朝觐。

此后，他不满足于定居生活，再次踏上旅程，开启了东非之旅。1328年，他沿红海南下，经过埃塞俄比亚到达亚丁（也门），然后借着季风沿东非海岸一路向南，到达索马里首都摩加迪沙，受到索马里苏丹接见并被授予伊斯兰"教长"称号。随着季风转为南风，白图泰向北回到亚丁，继续北上访问了阿曼，经霍尔木兹海峡前往巴林，赴麦加进行了第5次朝觐。此时他已离开家乡摩洛哥7年多，游历了阿拉伯世界的大部分国家。

白图泰就这样成为旅行界达人，连印度国王都很崇拜他，邀请他去印度。他原来计划乘船经过也门去印度和中国。但他既没找到船，也没找到同伴，只好先去小亚细亚。一路上经过了黎巴嫩海岸、土耳其、安纳托利亚，渡过黑海，抵达克里米亚。因途中偶遇的金帐汗国大汗邀请他护送自己的拜占廷宠妃回故乡，白图泰于1332年抵达君士坦丁堡，受到东罗马帝国皇帝安德罗尼卡三世接见，这是他第一次旅行到非伊斯兰国家，宏伟的索菲亚大教堂令他赞叹不已。完成"护花"任务后，他穿过中亚，经乌兹别克斯坦、阿富汗于1334年到达印度。

当时印度刚刚经历一场叛乱。作为一个远离伊斯兰世界的国家，为巩固统治，国王对熟悉伊斯兰教法的人才视若珍宝，所以对白图泰十分倚重，任命他为宫廷法官。可伴君如伴虎，印度国王有时对他十分宠信，有时则十分猜忌，喜怒无常。7年后，终于忍受不了的白图泰决定离开，恰巧遇到国王要派人出使中国，便自告奋勇前往。

前往中国的路途艰难险阻，刚刚离开德里，白图泰一行就遇到了印度教徒的袭击，差点丧命。到达出海港口，船队还没出发就遭遇风暴，3艘船沉没了2艘，第3艘虽启航，但2个月后被苏门答腊岛的统治者拦截。白图泰流落到马尔代夫，在那里被任命为当地的大法官，在那里停留了一段时间，终于找到了一艘来自中国的船，顺利经过马六甲海峡，到达泉州。在中国停留的1年时间里，他访问了广州、北京和杭州，并在游记《旅途列国奇观录》中，赞美中国地大物博，世界其他国家无法比拟。他称赞中国绘画艺术高超、惟妙惟肖、无与伦比；感叹在当时普遍使用金属货币的情况下中国已发行纸币，并描述了中国纸币的大小式样以及兑换手续；对中国境内治安措施的严密性也赞叹不已，说中国是过往客商最安全的国家；对中国的建筑和商业繁荣也做出了精彩描述。离开中国后，白图泰经过苏门答腊、印度、也门、伊朗、伊拉克、叙利亚、埃及，第 6 次到麦加进行朝觐，又经耶路撒冷、埃及，返回了阔别 25 年的故乡摩洛哥。

第二次旅行

回家不到 1 年，白图泰的"事业心"再度"爆棚"，开始了赴欧洲伊比利亚半岛的第 2 次旅行，不过这次他的身份是特使。白图泰从丹吉尔出发，经休达越过直布罗陀海峡，从龙达、马拉加到格拉纳达。位于伊比利亚半岛南部的安达卢西亚城市格拉纳达当时是一个苏丹王国的首都，大阿訇在自家花园设宴款待了他，王国的政要显贵纷纷出席，席间白图泰给众人讲述了他外出旅行的经历。其中有一个叫朱泽的青年从中受到了极大鼓励，为后来编纂完成《旅途列国奇观录》发挥了重要作用。

第三次旅行

白图泰的第三次旅行始于 1352 年，目的地是非洲的苏丹、加纳、马里、尼日尔，共历时 2 年多。这次旅行异常艰苦，白图泰和商队经常在干旱和渺无人烟的撒哈拉沙漠中跋涉，经过近 1 年，才抵达台歌泽盐村，后来又到达苏丹首都。

白图泰的 3 次旅行丰富了他的人生，他的足迹和见闻也带领当时和后代的人们穿越了浩瀚的海洋和无垠的陆地，领略沿途的风景，看见了这个世界。

白图泰中国游攻略

- 时间：1345 年夏天（元朝）
- 终于到中国了！激动～～～

第一站　橄榄城（泉州）

- 虽然是橄榄城，可这里并没有橄榄，中国也没有橄榄，橄榄还是摩洛哥老家的好！不过这个城市港口很大，停泊了上百条大船，还有无数条小船，如果把故乡的美食海运来，一定很受欢迎。

第二站　广州

- 这里也生产绥尼（瓷器），和橄榄城的一样精致。我敢说中国的绥尼是世界上最棒的，没有之一，而且价格美丽。从山上采来陶土烧制而成，不少珍品向印度和其他国家出口，也批量运往摩洛哥老家。
- 广州有一座巨大的基督教堂，光门就有 9 个，很多人来做礼拜。

第三站　杭州

- 上有天堂，下有苏杭。此言不虚，这是我到过最大的城市，有 6 个城区，被高大的城墙围绕着，足够人步行三天三夜。
- 这次来住在杭州府，知府专门设宴 3 天款待我，还请公子陪我一起坐船游览，真是美妙的享受，沿途还顺便欣赏了中国的特色音乐歌舞。
- 杭州有不少犹太人、基督徒和突厥人居住。中国每座城市都有穆斯林居住区，里面有清真寺和商贸市场，由阿訇负责处理本城穆斯林的事务。不过大多数中国人信奉佛教，膜拜寺庙里的菩萨。

同好小记

　　在遥远的中国，有一位经历与我相似的同好汪大渊，比我年少 7 岁，是一位伟大的旅行家，可惜我们擦肩而过。他从泉州出发，两次乘船远洋出海，游历了东南亚和印度洋各地，足迹遍及几十个国家和地区，当然也包括我的家乡摩洛哥。1349 年，他旅行中"身所游览，耳目所亲见"各地"山川、土俗、风景、物产之诡异"的情景被编纂成了《岛夷志略》一书。

第二章

跨越千年的不朽文明

摩洛哥：文化混血儿

坐上飞机，跨过宽阔的欧亚大陆，越过中东的漫漫黄沙，再飞越地中海蔚蓝的波涛，就可以到达有"北非花园"美称的摩洛哥王国。对中国人来说，摩洛哥不仅是世界另一端的遥远彼岸，更是一片神秘、浪漫而又充满梦幻的土地。

从地理上看，摩洛哥地处非洲大陆的最西端，北邻波涛万顷、碧波连天的大西洋、地中海，南接广袤无垠、黄沙万里的撒哈拉沙漠，独特的地理特点，造就了摩洛哥兼具阿拉伯、欧洲和非洲3种特色的独特文化。时至今日，如果你跟摩洛哥人聊起他们的国家，他们有时也会将摩洛哥称为"非洲的欧洲国家"或"欧洲的非洲国家"，这无疑是摩洛哥人对自身的一种极为贴切的诠释。

摩洛哥的国家格言是"真主、国家、国王"，真主至大，社稷为重，君王次之。这里的人们坚持着阿拉伯民族的风俗和伊斯兰的传统，却也兼具欧洲人的开放浪漫和非洲人的纯真质朴。在这里，阿拉伯人、欧洲人、柏柏尔人、犹太人、黑人和谐共居，言笑晏晏，没有人会因为民族或信仰受到任何歧视或排挤。在这里，年轻女孩出门时不需要把自己"层层包裹"，可以自信地露出如丝般的秀发和俏丽的面庞，尽情展现阿拉伯少女飞扬的青春之美。

摩洛哥人对伊斯兰教的信仰非常虔诚，无论是最现代化的大型商场，还是高速路边的休息站，都设有专供穆斯林使用的小净设施和祈祷室。每每路过，都会看到很多虔诚的信徒朝着圣城麦加的方向匍匐跪拜，认真完成每日的"五祷"功课。同时，摩洛哥人普遍认为，对宗教的真正虔诚并不仅在于仪式，更在于心底对真主的真诚敬意，且信仰不同的人们理应互相尊重、和谐共处。这种在宗教上洒脱的态度颇有几分"因信称义"的味道，也颇有"我尊重你的文化和信仰自由"的宽和。

　　更难能可贵的是，摩洛哥人不拘泥于宗教教义，能因时、因势不断改革创新，推动伊斯兰教和现代社会不断接轨。摩洛哥政府大力倡导的"温和伊斯兰主义"已成为其国家软实力的重要组成部分，也使摩洛哥成为地区阻击极端思想泛滥的"桥头堡"。在地区的一片动荡纷乱中，国泰民安、多元包容、美丽富饶的摩洛哥无疑是阿拉伯世界那颗"夜空中闪亮的星"，焕发出熠熠光彩和勃勃生机。

探寻摩洛哥人的语言世界

1951 年，联合国教科文组织给母语做了如下定义：母语是指一个人自幼习得的语言，通常是其思维与交流的自然工具。"你的母语是什么？"对于中国人来说，根本无须思考就可以给出答案。对于大多数中国人来说，可能也很难想象，在世界上存在一些国家，那里的人民对自己的母语到底是什么一直存在疑惑。摩洛哥就是这样一个国家。

了解摩洛哥的人都知道，摩洛哥最早的原住民是柏柏尔人。在漫漫历史中，摩洛哥曾被腓尼基人、阿拉伯人、西班牙人、法国人以不同的方式统治过，直至 1956 年才取得独立。殖民者在摩洛哥或多或少都留下了自己的印迹，这也是为什么如今摩洛哥官方语言为阿拉伯语和柏柏尔语，通用法语、西班牙语以及一种叫作达利伽语（Darija）的摩洛哥阿拉伯语方言。

乍一看，好像在摩洛哥并不存在"母语是什么"的问题。但是实际情况却复杂得多。下面我们来了解一下吧。

■摩洛哥当地学校达利伽语言教学

官方认为摩洛哥人的母语是标准阿拉伯语和柏柏尔语，吃"椰枣"群众笑而不语

摩洛哥 2011 年宪法第五条规定：摩洛哥官方语言为阿拉伯语和柏柏尔语（Amazigh）。阿拉伯语是国家的官方语言，官方致力于保护和发展阿拉伯语，并提倡使用阿拉伯语。同时，柏柏尔语也是官方语言，

是所有摩洛哥人共同的财富。实际上，柏柏尔语直到 2011 年才被最新版宪法列为官方语言，直至今日在正式场合使用有"先知的语言"之美誉的标准阿拉伯语则仍是主流。

宪法里的阿拉伯语指的自然是古兰经所用的标准阿拉伯语。摩洛哥推崇标准阿拉伯语的原因有很多，但推广标准阿拉伯语实际给摩洛哥人的生活和学习带来了很多不便。

首先，标准阿拉伯语对摩洛哥人来说实际是一门"外语"，当地老百姓运用起来也有一定的难度。

在文章开头已经和大家解释过，摩洛哥最早的原住民是柏柏尔人，而阿拉伯人殖民过程中由于种种原因，始终没能将阿拉伯语完整地传授给原住民，加上后来欧洲殖民者的影响，更是动摇了标准阿拉伯语在摩洛哥的根基。

其次，标准阿拉伯语从某种程度上禁锢了摩洛哥学生的思想。

摩洛哥独立伊始，亟须同欧洲殖民者及其语言划清界限。因此官方希望通过推行阿拉伯化来正本清源。但当时摩洛哥严重缺乏合格的阿拉伯语教师，政府只得从外国"请"来了不少"外教"到公立学校任教。其中就有不少是遭到埃及纳赛尔政权驱逐的穆兄会成员以及从中东来的宗教激进主义者。在他们的教导下，众多摩洛哥孩子只懂得刻板背诵"古兰经"，严重缺乏创新意识。久而久之，很多家长甚至认为摩洛哥公立学校毁掉了自己的孩子，宁愿花重金把孩子送到国际学校就读，这导致摩洛哥公立教育一直"发育不良"。

最后，在基础教育中推广阿拉伯语在客观上加大了国家基础教育和高等教育对接的难度。

直至今日，摩洛哥公立中小学教育仍以阿拉伯语为主，法语仅作为外语来教授。而大学教育多使用法语，尤其是"理科""医学"等专业更是如此。由于公立中学毕业生法语基础相对薄弱，他们进入大学后难以适应法语课堂，常有力不从心之感。而私立学校毕业生由于始终接受法语教育，他们适应大学教育则要轻松很多。

吃"椰枣"群众都说达利伽语，官方则表示"非礼勿视""非礼勿听"

在摩洛哥，达利伽其实才是最普遍使用，也是老百姓运用最为熟练的语言，最接近联合国教科文组织对母语的定义。达利伽语是一种混合了阿拉伯语、柏柏尔语及西班牙语、法语的本地语言，历经了千年的考验仍生机勃勃。在摩洛哥有3000多万人都熟练掌握（摩洛哥人口2018年为3624万左右）达利伽语，等于说除了偏远山区的少数民族，在摩洛哥人人都会说达利伽语。

但是这种同标准阿拉伯语差距很大的阿拉伯语并不被官方以及社会精英群体所认同。而这里面也是有原因的：

首先，达利伽语虽以标准阿拉伯语为基础，但是并不拘泥于标准阿拉伯语行文造句的规范，换句话说就是没有什么语法规则，爱怎么讲就怎么讲，每天都有新词出现。达利伽语分为城市达利伽语和山地达利伽语，不同地区的达利伽语在发音上，甚至在用词上也有较大区别。

其次，达利伽语是一种口头语言，并无文字载体。这一特征在过去曾经限制了达利伽的发展。但最近十几年，由于互联网的发展，摩洛哥青少年逐渐开始用法语和西班牙语字母来拼写达利伽语的发音，完全实现了达利伽语的文字化。

大多数摩洛哥人都表示不喜欢法语，但还是把孩子送进了法国学校

我曾在摩洛哥遇上一些奇怪的事情。一日来到阿格达大街的星巴克，想点一杯最爱的抹茶星冰乐。结果刚点完，服务员小哥哥就用一种酸酸的口气说了一句"你法语真不错"，充满了对法语的不屑。还有一次，是去一家甜品店，开始用法语点餐。结果还没说两句，老板就摇头

表示他不想听法语，让我用英语。当我被迫转成蹩脚的英语，老板虽然听起来费劲多了，却喜笑颜开。

虽然摩洛哥百姓不爱法语，但是不可否认法语在摩洛哥比官方语言标准阿拉伯语通用多了。上到官方活动，下到买菜打的，只要会法语都能实现交流。以至于很多法国人来到摩洛哥后感叹"在摩洛哥根本不需要说阿拉伯语，也没必要学习达利伽语，法语就够了"。摩洛哥的家长只要稍微有点钱，一般就会把孩子送进法语学校就读。他们认为那里教学质量更高，不论是同国内大学教育还是同国外教育都能更好对接，孩子以后还有大量的出国读书、移民的机会。

话又说回来，虽然摩洛哥上层人士大多都能讲一口流利的纯正法语，但不可否认的是，推行了多年的阿拉伯化之后，摩洛哥老百姓的法语只能达到"足够应付"的水平。这么一来，法语自然在摩洛哥始终无法成为"正统"。

摩洛哥文学

在得知要来摩洛哥后，我的第一个念头是，得从网上买几本有关摩洛哥的书，提前做做功课。令我诧异的是，搜索结果里，除了旅行攻略、游记和几本年代颇为久远的摩洛哥历史书籍外，文学作品寥寥无几。在这有限的选择里，有一本书旁赫然标注着"一九八七年龚古尔文学奖获奖作品"，书名叫《神圣的夜晚》(La Nuit sacrée)，作者是塔哈尔·本·杰伦 (Tahar Ben Jelloun)。龚古尔文学奖什么来头我可是知道的，作为法国最重要的文学奖项，从 1903 年开始一直举办至今，马尔赛·普鲁斯特 (Marcel Proust)、西蒙娜·德·波伏娃 (Simone de Beauvoir)、玛格丽特·杜拉斯 (Margerite Duras) 等许多法国重量级作家都曾获得过这个奖项，而塔哈尔·本·杰伦是获得龚古尔文学奖的第一位北非作家。

塔哈尔·本·杰伦 1947 年出生于摩洛哥著名古城非斯，1971 年发表了第一部作品《沉默的人》(*Hommes sous linceul de silence*)。1985 年出版的小说《沙之子》(*L'Enfant de sable*) 使他一举成名，这本书和《神圣的夜晚》被翻译成 43 种语言在全球出版，因此塔哈尔·本·杰伦虽然不是法国人，却被公认为是法语世界里作品被翻译次数最多的作家。

要说摩洛哥文学，应该可以算得上是阿拉伯世界文坛里大器晚成的后起之秀，并且其发展和国家命运、历史演进有着密不可分的关系。

熟悉摩洛哥历史的人都知道它与安达卢西亚的渊源，摩洛哥人的"文学启蒙"就要从这里说起。15 世纪西班牙人攻破格拉纳达王国，收复伊比利亚半岛，大量安达卢西亚人跨越直布罗陀海峡逃至摩洛哥，在这里定居下来。当时的安达卢西亚已是文化繁荣、文学活动丰富的昌盛景象，诗人辈出，还创造出一种名为"彩诗"的新颖诗歌体，突破了阿拉伯传统诗歌模式，深受大家喜爱；而那时摩洛哥文化较为落后，不仅诗歌作品少，而且基本以伊斯兰教法、伊斯兰哲学为主题，艺术性较弱。安达卢西亚人到来以后，摩洛哥人受其影响和感染，开始进行文学创作，

■塔哈尔·本·杰伦

不过这时多以模仿安达卢西亚诗歌为主，并没有自己的特色。

19世纪末20世纪初，摩洛哥现代文学逐渐兴起，到20世纪七八十年代，也就是塔哈尔·本·杰伦踏入文坛的时期，正好赶上文艺创作如火如荼、蓬勃发展，一大批青年诗人、作家涌现出来，使摩洛哥文学呈现出崭新的面貌。20世纪90年代后，随着社会环境的变化和各国思想的进一步交流，摩洛哥作家开始探索新的创作主题、新的叙事方法，比如突破以往流行的自传体小说，尝试增加更多想象和虚构内容。摩洛哥文学就像一个初出茅庐的艺人，从模仿他人到找到自己的风格，一步一步地走向成熟。

如今的摩洛哥文学已在阿拉伯世界文坛里占据了一席之地，这一点从文学奖获奖名单中可见一斑。2011年摩洛哥时任文化大臣穆罕默德·阿沙里（Mohammed Achaari）荣获阿拉伯世界最著名的文学奖"阿拉伯小说国际奖"。自2008年至今，先后有6位摩洛哥作家进入该奖短名单、8位摩洛哥作家进入长名单。

另一方面，摩洛哥也积极在各大书展上推动本国文学在更大范围的传播，比如2017年摩洛哥担任法国书展主宾国，25名编辑、60名作者携1000多种书籍来到巴黎，向整个法语世界展示自己的文学发展成果；2018年摩洛哥担任北京国际图书博览会主宾国，通过800余种图书展示了这个拥有丰富旅游资源的国家在思想、文化和创作方面的活力。摩洛哥本国最盛大的书展——卡萨布兰卡国际书展——已连续举办了25届，成为摩洛哥出版商、编辑、作者、读者和世界各国同行交流的重要平台。真心希望摩洛哥文学与中国读者之间的距离越来越近，中国读者在了解摩洛哥文学时能有更加丰富的选择。

摩洛哥音乐风格

受到民族和文化遗产的影响，摩洛哥的音乐蕴含着丰富而多元的文化内涵，各个地区的音乐风格迥然不同。下面就带大家了解一下摩洛哥的 5 种音乐风格：阿拉伯 - 安达卢西亚音乐、柏柏尔人的民间音乐、格纳瓦音乐（Gnaouwa）、哈伊（Rai）和查比（Chaabi）的流行音乐风格。

阿拉伯 - 安达卢西亚音乐

阿拉伯 - 安达卢西亚音乐是安达卢西亚音乐风格、古典的阿拉伯音乐风格和西班牙民间音乐弗拉明戈风格结合的产物。演奏时使用复杂的打击乐器、弦乐器、琵琶和许多其他乐器，演奏场面气势恢宏，通常在宗教仪式、节日和音乐会期间，由身着当地传统服饰的男性用阿拉伯语演唱。

柏柏尔音乐

　　柏柏尔人是北非的原住民族，人数约占摩洛哥总人口的 20%。柏柏尔人拥有自己的语言，也有代代相传的口语史诗。摩洛哥的柏柏尔人主要聚居在 3 个地区：北部里夫山区、中部阿特拉斯山区和南部沙漠地区，而每个地区的音乐风格因地域和生活习惯的不同各有独特的节奏。柏柏尔音乐通常由鼓、长笛、单簧管、唢呐和一个单弦小提琴伴奏。这种音乐风格在柏柏尔村庄的节日和家庭庆祝活动中出现频率最高。如果想在现场感受柏柏尔音乐的气氛，马拉喀什一年一度的民间艺术节和阿加迪尔的提米塔尔（Timitar）艺术节是不错的选择。

格纳瓦音乐

　　格纳瓦是一种舞蹈和杂技肢体语言结合的音乐，由西非人经过撒哈拉沙漠带到摩洛哥。最早为自由奴隶的歌唱，后演变为祈祷及歌颂自由和生活。在格纳瓦的影响下，摩洛哥现代音乐迅猛发展，出现了爵士、雷鬼和嘻哈等类似风格的音乐。如果你喜欢这种音乐风格，马拉喀什的德吉玛广场和索维拉一年一度的格纳瓦音乐节是最好的选择。

风格独特的哈伊

哈伊是 20 世纪 20 年代形成的一种民间音乐，起源于阿尔及利亚。哈伊使用传统乐器如鼓和芦笛、西方乐器如小提琴和手风琴及电子乐器伴奏，它的歌词深刻地讨论社会和经济问题。例如政治、人权、疾病、殖民化等，在社会地位较低的人群中特别受欢迎。虽然哈伊是用阿拉伯语演唱的流行音乐，但是它仍具有深刻的文化和宗教意义。

流行的查比

查比是摩洛哥的流行音乐，风格与哈伊接近，源自摩洛哥民间音乐，由鼓、琵琶、弦乐器及近年的电吉他和手风琴伴奏，因为演唱语言通常为摩洛哥阿拉伯语，所以查比是摩洛哥最受欢迎的音乐类型之一。当你乘坐出租车，经过市场摊位或在一些年轻人聚集的游戏场所玩耍时，很可能耳边听到的某一首歌曲就是这种风格。

风格多样的音乐既是摩洛哥多元文化的具体体现，也是摩洛哥人民的活力之源和热情之泉。当你走进摩洛哥领略这个国家优美的风光时，别忘了叫醒你的耳朵，听一听这里的音乐，一定会让你的旅行别有滋味。

走进摩洛哥的传统舞蹈

古老的柏柏尔文化和各种外来文化对摩洛哥的影响深深印刻在这个国家的舞蹈之中。作为一种既有美学意义又有社会意义的艺术形式，舞蹈的诞生和发展轨迹受到历史文化、社会风俗等多种条件和因素的作用。在摩洛哥，音乐、诗歌、舞蹈浑然一体是这个国家传统舞蹈的主要特点，事实上，很多舞蹈的名字既指舞蹈种类，也指音乐形式。与此同时，从北到南、从东到西，不同地区、不同部落的舞蹈风格又千差万别，反映着各自人民的文化特色和生活方式。下面咱们就来聊聊摩洛哥最著名的几种传统舞蹈。

阿瓦士（Ahwach）

阿瓦士是一种属于柏柏尔人的舞蹈，广泛出现在高阿特拉斯山脉和安蒂阿特拉斯山脉之间的小村落里。各个地区、各个部落的阿瓦士在相同的基础上发展出了不同的特色，但总体上这种舞蹈都是欢快热情的，是当地人婚礼和节日庆典的必备节目。阿瓦士通常伴着一种名为塔瓦拉（Tawala）的传统音乐，当音乐响起，歌手哼唱起古老的歌谣，男女舞者便各自成排面对面舞动起来。有的阿瓦士只由女性舞者完成，那么她们就会换上最美的衣服、戴上最精致的银首饰，在篝火旁围成一圈起舞。阿瓦士气氛是欢乐的，动作幅度却不大，女性舞者们基本是站在原地，用手翻转旋绕出像藤蔓花纹一样的动作。

阿依度斯（Ahidous）

阿依度斯是居住在中阿特拉斯山脉和高阿特拉斯山脉的柏柏尔部落跳的一种舞蹈，是他们最热衷的娱乐方式，也是最完整、最生动的情感表达方式，因此在摩洛哥非常有名。当地人在大小节庆上都要跳起阿依

度斯，到了夏天更是几乎每晚都要跳一跳。这种舞蹈的一大特点是歌、舞、乐器三者合一，男女舞者肩并肩、肘接肘站成紧密的一排，有时也围成圆形或半圆形，一边唱着柏柏尔语歌谣，一边用一种叫框鼓（bendir）的手鼓打着节奏，他们集体踏步、扭动，姿势就像风吹过麦田一样的舒展和优美。

雷嘎达（Reggada）

雷嘎达是由里夫（Rif）地区战士们的战斗之舞演变而来的。在很久很久以前，每当战士们打了胜仗就会跳起这种舞，所以舞蹈中会有很多类似举枪的动作。舞者们大多并肩站成一排，伴着框鼓的节奏抖肩、跺脚，动作整齐、干脆有力，充满阳刚之气。可以想象，以前这样的舞蹈动作和"霸气"态度肯定能震慑敌人、鼓舞士气。雷嘎达起源于摩洛哥中部和东部的里夫地区，在摩洛哥东北的大部分城市里都

十分流行。随着越来越多的摩洛哥人散居欧洲，雷嘎达也走出国门，变得国际化起来。

塔斯奇文（Taskiwin）

塔斯奇文舞蹈的名字来源于舞者左肩佩戴的一种名叫提斯克（Tiskt）的装饰品，它是高阿特拉斯山脉西部地区的一种战斗舞蹈，由二三十位男性舞者围成一个大圈，打着手鼓、踩着鼓点完成。这种舞蹈节奏较快（一说有42种节奏），并且脚上动作十分复杂，踮脚、踢腿，一下左、一下右，就像踢足球一样，得脚下灵活的人才学的会。据说

在高阿特拉斯地区的村庄里，如果一个跳塔斯奇文的舞者去世了，他的儿子就会顶上来接着跳舞。1962年，一位名叫费利克斯·莫拉的法国人来到摩洛哥招纳所有会跳塔斯奇文的年轻人，当时除了体检不合格的，其他人都被他招走了。从那以后，塔斯奇文因缺少舞者而逐渐辉煌不再。后来，受全球化、年轻人热情低、相关手工业不景气等不利因素的影响，这种舞蹈一度濒临消失。在摩洛哥政府部门的推动之下，2017年塔斯奇文被列入联合国教科文组织《世界非物质文化遗产名录》。令人欣慰的是，近几年当地专门成立了保护协会，青年一代对这种传统舞蹈的传承意识也大大提升。

摩洛哥的电影

如果把"摩洛哥"和"电影"这两个关键词组合在一起，多数人一定会想到《卡萨布兰卡》（又名《北非谍影》），以及近年来在摩洛哥取景拍摄的一众欧美大片。为了吸引外国电影公司，摩洛哥政府"放话"称：外国电影只要在摩洛哥投资超过 1000 万迪拉姆（不含税，约合 720 万元人民币）并且在摩洛哥拍摄周期超过 18 天，就可享受"八折优惠"，摩洛哥将补贴电影支出的 20%。对外这么大方，摩洛哥本国电影业又发展得如何呢？

摩洛哥电影的萌芽要追溯到 20 世纪初，1900 年 4 月 29 日，丹吉尔的一家剧院首次向公众播放电影。1912 年，摩洛哥沦为法国的保护国，西北部和南部沦为西班牙保护地，电影变成了占领者进行战争宣传、教化摩洛哥人民的工具。在此期间出现了在摩洛哥拍摄的第一部电影，1919 年两位法国导演拍摄的长片《书写》（Mektoub），影片名称也多少意味着对当时国家命运的记录。摩洛哥独立后，电影得到了较好的发展，导演数量显著增加。真正属于摩洛哥本国的第一部长片《被诅咒的儿子》（Le fils maudit）于 1958 年上映。从 20 世纪 80 年代开始，政府大力发展本国电影，成立了专门支持电影制作的基金会，并且在此后的 30 多年里一直通过税收优惠、设立奖金、建立基金等形式刺激本国电影的创作、制作和发行。现在，有些影评人认为摩洛哥电影已经可以排在阿拉伯世界第二位，仅次于埃及。

创立于 1944 年的摩洛哥电影中心是负责推动电影制作、宣传、发行和放映的公共机构。2018 年，该中心为本国 30 部长片、111 部短片、18 部电视电影和 35 部电视剧发放了拍摄许可。这一串数字看起来没什么了不起，中国 2018 年共生产各类影片 1092 部，几乎是摩洛哥电影生产量的 10 倍。不过摩洛哥人对本国电影还是极为支持的，政府扶持是一方面，从票房排名也能切实感受到摩洛哥观众真金白银的认可。在

■ 马拉喀什国际电影节

2018 年摩洛哥票房排名前 30 的影片中，有 8 部本国电影上榜，并且占据榜单前 3 位。

那么摩洛哥观众爱看什么电影呢？毫无疑问——好莱坞！从摩洛哥电影中心的公开数据来看，美国电影已经至少连续 5 年占领摩洛哥电影市场的第一把交椅，每年的票房收入稳定在摩洛哥上映电影总票房的 40%—60%。上面说到 2018 年摩洛哥票房前 30，其中就有 20 部是美国独立拍摄或与别国合拍的电影！

此外，由于在历史、地理、文化等方面存在千丝万缕的联系，法国电影也在摩洛哥占有重要位置。实际上，前文提到的摩洛哥电影中心也正是由法国帮助设立，外国电影在摩洛哥取景拍摄的第一人也是一名法国人：鼎鼎大名的卢米埃尔兄弟中的弟弟——路易·卢米埃尔。

除了好莱坞，宝莱坞在摩洛哥的存在感也不容忽视，2018 年共有 10 部印度电影在摩洛哥上映，仅次于美国、法国。据说在一些街区，尤其是老城区，宝莱坞的受欢迎程度不亚于好莱坞，以至于很多小孩子会说印地语、当地人能唱出热门印度电影的主题曲。看来，宝莱坞

"一言不合就跳舞"的欢快氛围也很对摩洛哥观众的胃口。至于中国电影，这里人民最熟悉的还是功夫片，很多四五十岁的观众都是看着李小龙、成龙、李连杰的电影长大的，坐出租车时经常能碰到司机用 Jackie Chan 来套近乎。在国产影片已经类型丰富、题材多样的今天，真的有必要好好地向摩洛哥观众介绍更多当下题材的中国影片啦！

尽管摩洛哥电影一直在稳步发展，摩洛哥人走进电影院的频率却在明显下降，造成这一现象的重要原因之一是大量街区电影院因经营惨淡不得不被关闭或遗弃。有媒体用数据证明电影院营生的不景气：20 世纪 80 年代一年能卖出 5000 万张电影票，2009 年降至 400 万张，2013 年再降至 200 万张，到 2018 年就只剩不到 148 万人次走进电影院看电影了。与此同时，摩洛哥影院数量不断减少，20 世纪 80 年代还有近 300 家影院，但至 2018 年 12 月全国只剩下 30 家影院、65 块银幕。目前，政府已经开始通过鼓励数字化放映、打击盗版等途径支持电影院发展。

好莱坞的神秘片场

在摩洛哥生活，常常会有一种穿越的感觉。微观一座城，老城区纵横交错的宽窄巷子，紧密鳞次的老房子，开着一小扇窗修鞋配钥匙的小铺子和摆着小摊一根一根卖香烟的小伙子，街面上尖头鞋串条挂起的服饰店和以砸铁敲铜为生的老匠人……置身于夜晚四处升腾起来的烤肉烟火中，这一切对于来自 21 世纪的现代人来说如梦似幻。宏观整个国家，在荒漠和大海中划出的一块狭长陆地上，有来自各大洲文明的交融、复杂的人文环境和丰富的自然景观，让这个总面积并不大的国家向一千个走进它的人呈现出一千种面貌。

好莱坞导演们似乎在全球旅友抵达之前就已经爱上这里，于是从 20 世纪后半期开始，摩洛哥逐渐成为好莱坞越来越重要的背景舞台，在这里取景制作的电影多数都成为经典。影片从最早期悬疑大师希区柯克的《擒凶记》，莎士比亚经典影片《奥赛罗》，战争题材电影之祖《阿拉伯的劳伦斯》，到史诗式历史电影《埃及艳后》，著名导演制作宗教电影《基督最后的诱惑》，至最近风靡全球的电视剧《权力的游戏》，系列电影《碟中谍》，此外还有大家熟悉的《零零七》《角斗士》《盗墓迷城》《蝎子王》《木乃伊》《波斯王子》《巴别塔》《天之骄子》《四片羽毛》《尼罗河宝石》《汉密尔顿》等上百部电影。

- Ⅱ 摩洛哥南部城市瓦尔扎扎特的阿特拉斯电影城中有专为电影《埃及艳后》搭建的场景
- Ⅱ 《国王的全息图》（2016），汤姆·汉克斯在摩洛哥撒哈拉沙漠取景
- Ⅱ 电视剧《权力的游戏》在摩洛哥南部索维拉、瓦尔扎扎特和阿伊特本哈杜村取景
- Ⅱ 《美国狙击手》（2014）在摩洛哥中部城市萨累取景
- Ⅱ 《军队之一》（2016）中，尼古拉斯·凯奇在摩洛哥马拉喀什

取景

- 《越狱·亡命天涯》在摩洛哥卡萨布兰卡、拉巴特和瓦尔扎扎特取景
- 《碟中谍5》在摩洛哥拉巴特乌达雅堡取景

除了拥有沙漠、戈壁、高山、平原和风格迥异的城市等拍摄宗教电影、战争片、史诗剧等类型影视作品的天然元素之外，摩洛哥政府也为本国电影业的发展贡献了力量，例如为战争题材电影提供军事装备支持以及为外国剧组减税等政策。

近年来，中国导演也开始将青睐的目光落在这里。2018年春节，林超贤导演凭借一部《红海行动》，把一部军事动作片送上了"史上口碑最强春节档电影榜"榜首，也让影片全部外景拍摄地——摩洛哥呈现在国人眼前。也许对一部特效电影来说，片中军车爆炸坦克追打的画面可以轻松制作，但这部全班剧组移师国外的真人电影中高出镜率的战争画面均为真实拍摄，且片中的军车和坦克等装备皆为当地军方提供，凭这一点，摩洛哥就值得好莱坞大导演们挥洒才华和血汗。

建议对这个遥远国度感兴趣的朋友们，找机会看看文中提到过的电影，感受血与火的激情碰撞，品味醉人的爱情与浪漫，相信你会通过屏幕发现一个精彩纷呈的摩洛哥。

非陆欧风
——
摩
洛
哥

精彩艺术节　别样摩洛哥

摩洛哥拥有逶迤的海岸线、广阔的撒哈拉、充满风情的民宿和接地气的麦地那，已是世界游客向往的目的地之一。这片土地像是受到了上天的馈赠，享受着丰富的自然景观和历史古迹，同时迸发出多姿多彩的文化魅力。许多游客为风景而来，却为这里的迷人文化气息停住了脚步。你也许听说摩洛哥盛产阿甘油、橄榄，但却还不知道这里也盛产各种大大小小的艺术节！毫不夸张地说，摩洛哥的艺术节几乎涵盖了每个主要城市、覆盖了每种主题，令人眼花缭乱。下面我们就说说几个影响比较大的艺术节。

拉巴特玛瓦奇纳音乐节

估计大部分人都想不到，摩洛哥是全球第二大流行音乐节——玛瓦奇纳音乐节的举办地。这个 2001 年在穆罕默德六世国王亲自关怀下创立的音乐盛会每年 6 月与大家见面，一口气持续 9 天，年年都会邀请摩洛哥本国音乐家和来自非洲、阿拉伯国家乃至欧美重量级明星登台献艺。到底有多厉害呢？无论是惠特妮·休斯顿、艾丽西亚·凯斯、凯莉·米洛、史蒂夫·旺达、埃尔顿·约翰、玛丽亚·凯莉、克里斯蒂娜·阿奎莱拉等欧美经典歌单里常常出现的天王天后，还是夏奇拉、蕾哈娜、杰西·J、贾斯汀·汀布莱克、魔力红乐队、埃利·古尔丁、布鲁诺·马尔斯等近年来风靡全球的当红艺人，都登上过玛瓦奇纳音乐节的舞台。每年，玛瓦奇纳音乐节在拉巴特舍拉废墟、乌达雅堡、索菲特酒店、穆罕默德五世剧院等多个场地同时举办，每一场地有固定的主题，比如索菲特酒店旁的演出场地主打国际牌，每年最大腕的欧美明星多在这里表演；舍拉废墟主要举办世界音乐表演；乌达雅堡旁布里格雷格河畔，则是非洲艺术家的主要舞台。

在过去的 18 年里，玛瓦奇纳音乐节共举办了 1220 场音乐演出，汇集了来自多达 97 个国家的 1300 多位音乐家，平均每年吸引 250 万名观众，电视观众超过 400 万人。这一音乐节作为摩洛哥最重要的文化盛事之一，向世界传递着摩洛哥包容、开放、尊重其他文化、愿与各国对话的信息，也带动了拉巴特的经济，尤其是旅游业和演艺业的快速发展。每到音乐节举办的 6 月份，拉巴特各个酒店就会变得"一床难求"。根据主办方的数据，玛瓦奇纳音乐节每年创造 3000 个就业岗位，为 40 余家企业提供了业务来源。值得一提的是，玛瓦奇纳音乐节在商业化发展的同时也没有忘记普及文化发展的初衷，每年 90% 的演出和音乐会均免费对民众开放，让广大音乐爱好者平等地享有享受音乐的权利，也难怪它能成为世界第二大、非洲第一大音乐节了！

非斯世界圣乐节

同样是在 6 月，拉巴特以东 170 千米的另一座古城非斯也将迎来一场重要的音乐盛事——非斯世界圣乐节。如果说玛瓦奇纳音乐节用热情和活力点燃了拉巴特，那么非斯世界圣乐节就像是用神圣和谐的音符抚

摸心灵。1994年海湾战争结束后，摩洛哥著名人类学家、苏菲派学者法乌兹·斯卡利（Faouzi Skali）博士在非斯发起了圣乐节，希望借此弘扬世界文化的多样性，推动人类社会重归和谐。25年来，非斯世界圣乐节已成为摩洛哥一项具有代表性的文化活动，以音乐和舞蹈的形式传递着这片土地对文化和民族多样性的尊重与包容。每年，摩洛哥王室成员都会出席圣乐节的开幕式，足见王室对这一活动的肯定和支持。

圣乐节以非斯的悠久历史为根基，所散发的活力又带动着古城的前进和发展，探索出一种传承与创新的高级手段，因此受到了穆罕默德六世国王和非斯当地政府的高度重视。从2001年起，非斯世界圣乐节期间配套举办非斯论坛（Forum de Fès），活动的深度和影响力又上了一个台阶。正因如此，联合国给出了"显著推动了文明对话"这样的高度评价！

非斯世界圣乐节通常持续10天左右。来自欧洲、非洲、中东、亚

洲和摩洛哥本土的音乐家，将安达卢西亚音乐、阿拉伯音乐、弗拉明戈、爵士乐、宗教音乐等多种音乐类型融合在一起，大家不论语言、不论宗教、不论民族，因音乐而相聚一堂，完美地诠释着音乐无国界、爱与和平无国界的美好愿景。最有特点的是，音乐节期间，非斯城内许多重要的历史古迹、老城旧巷都将变成音乐演出的天然舞台。可以说，圣乐节已经融进了非斯这座城市的文化、艺术和精神血脉之中，成为非斯最醒目的名片之一。

马拉喀什国际电影节

摩洛哥的电影节不少，比如得土安地中海电影节、梅克内斯国际动画电影节、阿加迪尔纪录片节等，但要说最盛大、最具影响力的，甚至在北非地区和阿拉伯世界都享有盛誉的，还是马拉喀什国际电影节。

2001 年，穆罕默德六世国王亲自发起创立了马拉喀什国际电影节，一方面是为了促进摩洛哥电影行业的发展；另一方面也是借第七艺术的魅力促进世界各国的密切交流。历史上，马拉喀什是 11 世纪穆拉比特王朝的都城，也是摩洛哥向马格里布和安达卢西亚开启交流大门的要地，现在更是一个发展迅速的大都市。这里基础设施完善，可满足接待需求，因此成了电影节最理想的举办之地。

马拉喀什国际电影节最高奖项为金星奖，此外还设置最佳男主角、最佳女主角、评委会最佳导演奖等 6 个奖项。除竞赛单元，电影节还开设了面向电影专业学生的"大师班"，为青少年影迷设置专场展映，更有针对视障人群的口述影像服务。所以我们现在看马拉喀什国际电影节，不仅要看到它在影片数量和质量方面的不断进步，也要看到它在推动电影走进更多摩洛哥民众、促进电影行业发展方面的自我定位和持续努力。

许多传奇影人曾踏上马拉喀什的红毯，比如马丁·斯科塞斯（《愤怒的公牛》《雨果》《华尔街之狼》导演）、弗朗西斯·福特·科波拉（《教父》系列导演）。该电影节与中国影人也颇有一些渊源，2005 年陆川导演的《可可西里》曾参与电影节评选角逐；2017 年张艺谋导演获得了第 12 届马拉喀什国际电影节的"杰出成就奖"，当年电影节专场展映了由张艺谋执导的《金陵十三钗》，而在此之前，荣获该殊荣的还有大卫·林奇、肖恩·康纳利、莱昂纳多·迪卡普里奥等世界知名导演和演员。

索维拉格纳瓦世界音乐节

索维拉是摩洛哥南部一座妖娆的海滨城市，每年 6 月举办的格纳瓦世界音乐节是当地最重大的文化盛事之一。要了解这个音乐节，得先从格纳瓦文化说起。格纳瓦是起源于非洲中、西部萨赫勒地区的一

非陆欧风——摩洛哥

支少数民族。当年柏柏尔人来到摩洛哥时，把他们的奴隶格纳瓦人一起带了过来，所以其实"格纳瓦"一词在柏柏尔语里的原意是"奴隶"。格纳瓦音乐混合了伊斯兰教苏菲派音乐和非洲音乐传统，在很多仪式上，格纳瓦人用音乐和舞蹈召唤祖先神灵，他们相信这样可以驱赶恶魔、治疗精神疾病甚至治愈蝎子蜇的伤口，因此在外界眼里，格纳瓦音乐自带神秘色彩。

1998 年，在格纳瓦音乐的中心，也就是索维拉这座城市，诞生了格纳瓦世界音乐节，初衷是向摩洛哥全国以及全世界推广格纳瓦音乐。每届音乐节持续 3 天至 4 天，20 多位格纳瓦音乐大师会在全城献上 30 场到 50 场演出，平均每年吸引 25 万到 40 万名观众参加。

格纳瓦世界音乐节除了展示各个优秀的格纳瓦乐团，最大的特色是作为格纳瓦音乐与世界对话交流的舞台，汇集各路音乐家共同交流演出。它就像一个音乐的大熔炉，把格纳瓦音乐与世界上的爵士、摇滚、流行音乐放在一起发生化学反应，在创造新风格、新作品的同时，发扬和传承着格纳瓦音乐的传统。

卡萨布兰卡爵士音乐节

　　每年 4 月在摩洛哥第一大城市卡萨布兰卡，成千上万的爵士乐迷会迎来为期 9 天的卡萨布兰卡爵士音乐节。这一音乐节始于 2006 年，每年都会在卡萨布兰卡跑马场、联合国广场这两个主要场地举办四十几场不同主题的音乐演出。登台的既有传奇大师，也有尚未名声大噪的新人，像艾尔·贾诺、戴安·瑞芙、杰森·玛耶兹等著名爵士歌手都曾在这里表演。为了体现包容性，音乐节还会举办流行乐、灵魂乐、朋克和摇滚等多种类型的音乐演出。

　　参加卡萨布兰卡爵士音乐节最吸引人的部分是在露天场地里边听音乐会边吃东西、逛展览了。主办方提出要把音乐节融入日常生活的理念，所以在演出场地旁也设置了快餐车和小型展台，这样既聚集了人气，又展示了这座城市惬意自由的生活氛围。

　　除了刚才说到的这些，摩洛哥还有专门以古典音乐、安达卢西亚音乐等某一类型音乐为主题的音乐节，有说故事的故事节，甚至在玫瑰开花的季节有玫瑰节、椰枣成熟的季节有椰枣节……如果你有机会，一定要在摩洛哥的行程里加上个艺术节体验活动，感受一下开放包容、多姿多彩的摩洛哥！

走，我们去赴一场撒哈拉的盛会

在撒哈拉，三毛成就了一个西班牙男子的爱情，也成就了自己的传奇；在撒哈拉，安东尼德·圣·埃克苏佩里遇见了小王子，从此沙漠中的每一颗星星都染上了玫瑰的芬芳；在撒哈拉，保罗·柯艾略笔下的牧羊少年经历百转千折，终于悟到"只要真心渴望，全宇宙都会帮你实现梦想"。

这片辽远又神秘的沙海像是生命的尽头，却孕育出无数温馨的故事，也孕育了被联合国教科文组织列入《世界非物质文化遗产名录》的摩洛哥坦坦穆塞姆节（Moussem de Tan Tan）。

坦坦是 Tan Tan 的音译，是位于摩洛哥西南部盖勒敏 – 农河大区的坦坦省首府。这座人口仅有 7 万人的沙漠小城，每一年都会因盛大而独特的穆塞姆节而吸引全球的目光。"穆塞姆"同样取自法语单词 Moussem 的读音，它特指北非地区的游牧民族一年一度的地域性盛会，这类盛会可以是出于向圣贤致敬的宗教意图，可以是为了纪念某个特定节日，可以是从以物易物发展而来的商贸集会，更可以是综合上述所有元素的全民大派对。

在摩洛哥，不同地区不同主题的穆塞姆节多达 700 多个，例如 6 月塞夫鲁地区（Sefrou）有庆祝丰收的樱桃穆塞姆节（Moussem des cerises）；7 月，西北部的梅久那省（Médiouna）会吸引摩洛哥各地的跑马汉子策马而来，在希迪 – 阿赫迈德穆塞姆节（Moussem de Sidi Ahmed Belahcen）上进行一番技艺切磋；而到了 9 月，伊米勒希勒省（Imilchil）的少男少女们又会齐聚如集体相亲般的婚约穆塞姆节（Moussem des fiançailles）。这么多令人眼花缭乱的穆塞姆中，最负盛名且影响力最广的，当然是撒哈拉沙漠的坦坦穆塞姆节。

在浩渺的撒哈拉，摩洛哥南部的游牧民族渴望通过一场聚会从日复一日的流浪中脱离出来，30 多个沙漠游牧部落和其他来自非洲西北部的游牧民族会在每年 5 月的某一周汇聚在坦坦，安营扎寨，荒凉的沙漠中生出数以万计的帐篷。在这周里，人们尽情相聚，女人们负责采买并热烈地交流着服装、首饰等潮流信息，男人们挑选出精壮的骆驼和骏马，背负部落的荣誉去竞赛，老人们带领全家为新撮合的小两口操办婚礼，带着刚出生的孩子向草药师问诊……不同形式的文化也借机尽情绽放；舞蹈、歌唱、吟诵、斗诗、游戏……这便是坦坦穆塞姆节的源头。直到1963 年，这个固定的沙漠大集会才有了确定的名字，但自 2004 年后，在摩洛哥王室的重视及直接支持下，坦坦穆塞姆节因其独特性及文化历史价值的丰富性，已然成为展示与保护摩洛哥撒哈拉文化最大最具影响力的盛会，并在协调不同部族和人民的和睦发展中扮演着重要角色。

作为沙漠地区非遗文化的生动见证，坦坦穆塞姆节于 2008 年正式被联合国教科文组织收入《世界非物质文化遗产名录》。近年来，主办方之一阿勒穆加尔基金会广泛邀请各国驻摩洛哥使节以及文化、艺术、电影、科学、媒体等领域的专家学者，与部落人民共赴这场盛会。

2018 年的第 14 届坦坦穆塞姆节如期于 7 月 4 日至 9 日举办，特别的是，因恰逢中摩两国建交 60 周年，中国受邀担任本届穆塞姆节主宾国，并派出由官员、中资企业代表、艺术团、媒体记者等数十名人员组成的代表团参加。穆塞姆节期间，来自中国的艺术家们用舞蹈、民乐、川剧、剪纸、熊猫玩偶让这场历史悠久的盛会第一次融入浓浓的"中国味"。被红灯笼、中国结装点的主宾国帐篷无时无刻不被围得水泄不通，而在演出队伍中，摩洛哥演员更自发地或是戴着京剧脸谱面具，或是穿着中国民俗服装，高举着舞龙，手提着灯笼。在很难见到中国元素的坦坦地区，所有的一切都让当地民众感到陌生而好奇，但也让我们感受到沙漠人民对中国文化的喜爱和浓浓的友善。

撒哈拉沙漠，千百年皆是这般壮丽与浪漫，坦坦穆塞姆节虽历经风霜却依旧风情万种，为这片永恒的黄色增添着人间烟火。是时候启程了，与我们一起赴这场撒哈拉的盛会……

跨越大洋来看马

在摩洛哥，我有幸亲临现场体验了一把第 11 届杰迪代马术文化节的盛况。除了马术的常规项目如障碍赛、盛装舞步和三日赛以及各类马术表演之外，最吸引眼球的要数在摩洛哥或者说在整个北非都很流行的传统马术比赛（Fantasia）了。

传统马术比赛要求 11 名至 15 名骑手跨马排成一排，努力保持整齐队形以同样的速度向前快速冲锋。骑手托举名为穆卡拉（moukhala）的火枪，等快到终点时同时向天或对地开火。枪声的轰鸣叠加在一起，如惊雷在头顶炸裂一般，火药味夹杂着马蹄带起红土的味道扑面而来，让人仿佛置身于一场真正的战斗中。每一波骑士驾马冲到终点，看台上都会响起热烈的呼喊声，人声鼎沸，场面震撼。

终点迎面不远处，4 名专业裁判从不同角度对每一组骑手和战马的动作进行评分。Fantasia 骑术赛有详细的评分规则：在骑手出发前，裁判会对骑手和马匹的装束和队形的美观程度进行打分；马队需要进行 3 轮骑射，在冲刺过程中，裁判要对队形的整齐程度、冲刺速度以及齐射时枪声的整齐度进行打分。

Fantasia 骑术赛对骑手控制马匹的能力、在马匹高速奔跑时控制枪械的能力和马匹的综合素质都有极高的要求，毕竟在震天动地的枪声中只有最优秀的骑手和战马才能战胜恐惧并保持队形继续奋勇向前。

摩洛哥马术文化历史悠久。柏柏尔人在历史上曾是一个十分骁勇善战的民族，著名的努米底亚骑兵曾让欧洲人闻风丧胆。Fantasia 骑术赛实际就是对柏柏尔骑兵传统马术的传承。此外，Fantasia 骑术赛作为一种北非特有的赛马运动，也是体验北非风情必不可少的环节之一。法国著名画家欧仁·德拉克洛瓦的多幅画作都以此为题材。此外，欧洲在 18 世纪还有专门描绘北非阿拉伯世界的"东方画派"（orientalisme），该流派众多画家都对使用画笔描绘 Fantasia 赛马场面情有独钟。

　　摩洛哥是一个盛产宝马的地方，这里既是公认的上等战马柏布马的故乡，后又因阿拉伯征服和欧洲人殖民接连引进了纯种阿拉伯马、纯种英国马，并衍生出盎格鲁－阿拉伯马等混血马种。目前在拉巴特、卡萨布兰卡、杰迪代、马拉喀什都设有设施先进齐全的赛马场，每年九月到次年六七月每周都会举行赛马比赛。来摩洛哥如果更有幸遇上 Fantasia 骑术赛，那绝对是一场独一无二的体验。

古今风格迥异的摩洛哥建筑

摩洛哥的建筑风格体现了多样化的地理环境，既是不同地区的人们发挥聪明才智因地制宜的创作成果，也受到历史上入侵这里的异域文化的影响。从古至今，在摩洛哥保存较好的共有六种风格的建筑，有些以一个城市为代表，有些同时存在于某个城市当中。作为城市的基本组成部分，它们向每一位来客彰显着城市和国家的内涵。

古代建筑以罗马古城沃吕比利斯为代表，这座建于公元前3世纪的古城有摩洛哥现存最古老且保存最好的古罗马建筑遗址。在广袤的梅克内斯平原上，古建筑遗址与橄榄树一起沐浴在阳光下，由巨大石块搭建而成的高大石柱和拱门显示出国会大厦、凯旋门和教堂等建筑的恢宏气势，装饰房屋的马赛克和商店橱窗外面的石雕又显示出古老手工艺的精湛，在空旷的广场旁竖立的日晷和遍布城市的地下排水系统还是古人智慧的体现。

阿特拉斯山区及以南地区是柏柏尔人聚居区。由于常年干旱和漫长的高温夏季，这里物资匮乏，居民只能选取在当地最为充足的材料——夯土来修建房屋。这种建筑不仅冬暖夏凉，还充满了力量和美感，自然和谐地融合进南部的风景之中。柏柏尔人还在墙壁上和屋顶挖出凹陷的几何图形作为装饰并用柳条编织做屋顶来防蚊驱虫。

在丹吉尔、艾西拉、杰迪代、萨菲、索维拉等沿海城市，我们可以看到葡萄牙和西班牙人在摩洛哥留下的建筑痕迹。历史上他们曾经占领了摩洛哥的许多城市，所以今天在这些地方，我们仍能够看到彩色宣礼塔的清真寺、尖顶建筑等异国特色的建筑。殖民者当年还修建了大量的防御工事。如今这些面朝大西洋的城堡和炮台虽已不再具有防御功能，但仍是被占城市军事功能演变的历史见证。

1912年至1956年，法国殖民者向摩洛哥派出了很多建筑设计师重新打造了卡萨布兰卡、拉巴特等大城市，现在这些城市的新城区有大量法国人按本国的规划要求建造的平顶建筑，外形比较现代化，高度一般不超过 4 层。

阿拉伯 - 安达卢西亚风格则是摩洛哥最常见的一种建筑风格，传统庭院里亚德就是他的杰出代表。这种建筑一般一层到两层，内部特色鲜明的伊斯兰文化符号：马赛克、拱形门窗、金属雕刻、几何图案或古兰经文字装饰……出于保护隐私的考虑，建筑的门窗一般较小，窗户上还有很多窗格装饰。院子呈四方形，中央有喷水池。现在，这种里亚德式建筑在各个城市的老城还十分常见，一些当地人开始把自己的里亚德改造为民宿对游客开放。

在摩洛哥越来越国际化的今天，我们还可以看到越来越多的现代化的建筑。它们与世界其他地方的现代化建筑并无二致，看不到丝毫摩式特色。例如卡萨布兰卡的摩洛哥购物中心、位于拉巴特的国家图书馆、摩洛哥电信大厦以及即将完工的卡萨布兰卡大剧院、拉巴特大剧院和非洲最高塔楼。

对于来到摩洛哥的游客来说，各具特色的城市一定会给大家留下深刻的印象，不同的建筑风格也会让人们感受不同的文化和风情。希望你也有机会在风格迥异的建筑中体会一下多姿多彩的摩洛哥风情。

摩洛哥穆罕默德六世现代和当代博物馆

2018 年 9 月 27 日的夜晚，穆罕默德六世现代和当代艺术博物馆灯火辉煌，巨大的五星红旗图像映射在正门上方，在拉巴特的夜空中显得分外耀眼。中国驻摩洛哥使馆在此与摩洛哥各界友人共同庆祝中华人民共和国成立 69 周年。这是使馆首次走近摩洛哥高雅艺术殿堂举办国庆招待会。

博物馆坐落在摩洛哥首都拉巴特核心街区，同皇宫正门隔街相望。博物馆于 2014 年对公众开放，穆罕默德六世国王出席开馆仪式并致辞，体现了王室对博物馆的高度重视。该馆是摩洛哥 1956 年独立以来建造的第一所符合国际博物馆标准的大型公共博物馆，也是当地第一家专业的当代和现代艺术类博物馆。

从建设伊始，博物馆就同它所在的拉巴特城紧密地融合在一起，现如今博物馆已成为拉巴特城身份的象征之一。博物馆由摩洛哥本土著名的卡里姆·夏科工作室设计，整个建筑风格一方面继承了阿拉伯－摩尔人的传统，扎根于摩洛哥厚实的文化土壤之中；一方面又坚定地将目光投向未来，显示出其活力、热情和富有创造力的一面。

洁白的外墙根据摩尔人的传统采用了双层拱桥雕花镂空设计，既典雅又不失活力。每到夜晚降临之时，在紫色装饰灯映照下，整个博物馆犹如披上了一层神秘薄纱的阿拉伯少女，白色的肌肤在朦胧中若隐若现，美得让人赞叹不已。

从正门进入博物馆，就来到了宽敞明亮的大堂。白天阳光从高高的落地窗撒进来，在洁白的大理石地面上散落一地，行走其间，给人一种徜徉于洁白梦境之中的感觉。这里是整个博物馆的核心区域，通往地上两层、地下一层展区，也同图书馆、咖啡厅和多媒体厅相连。博物馆地上两层为主要展区，不仅展示摩洛哥现代和当代艺术大师们的作品，还接待各种来自本土和国际的主题展览。

博物馆举办的当代艺术展、地中海美术展等汇聚了西方艺术大师毕加索、高更、梵高、布拉克等欧洲巨匠，一时观者如潮，盛况空前。摩洛哥著名艺术家莎衣比亚（Chaibia）、艾格拉唯（El Glaoui）、卡西米（Kacimi）、格拉尔巴唯（Gharbaoui）等的作品都曾长期光临此地。

地下一层则为先锋艺术家们的作品提供展示的舞台。这体现了现代和当代艺术博物馆保护和推广摩洛哥艺术遗产、鼓励艺术家创作、为他们的作品提供展示舞台的神圣使命。

此前，博物馆从未出借场地供外国驻摩洛哥使团举办招待会等活动使用。博物馆此番破例为中国朋友敞开大门，接受中国驻摩洛哥使馆在此举办国庆 69 周年招待会，充分体现了摩洛哥对中摩关系的高度重视，也体现了中摩友好深植人心。

神秘的摩洛哥花园

在摩洛哥的大街小巷，各式各样的花园若隐若现。这些花园或藏匿在居民区林荫之间，或坐落在小镇道路的尽头，或是皇家宫殿的点缀，或是居民休憩的绝佳场所，还有可能是某位富有的信徒用来同真主沟通的圣地。试想一下，在某个盛夏时节，同自己心爱的人迈入花香四溢的摩洛哥花园，该是多么令人难忘的美好经历。

中世纪著名穆斯林诗人非尔多西留有"花园即吾之天堂"一说。可见花园在穆斯林心中具有崇高的地位，是神圣和内涵的象征，是"一"，也是"万物"。位于花园中心的泉，滋养着园中的植物和人们，让他们获得圆满、美好、平和以及收获。今天就跟大家聊聊摩洛哥的花园！

马若尔花园

摩洛哥的花园以马拉喀什最为优秀，而马拉喀什花园中名声最响亮的非马若尔花园莫属。她的传奇故事、她独一无二的色彩以及她数以千计的植物无不令人神往。

1919 年，法国著名画家兼植物学家雅克·马若尔来到马拉喀什采风，深深沉醉在这座历史古城的声光色影中，再也不愿离去。他在老城的西北部买下了一片棕榈林，盖起了一栋花园别墅，由此便诞生了马若尔花园的雏形。此后的岁月里，马若尔满怀热情，用尽心血经营着自己的一方天地，不仅引进了五大洲的上百种植物作为园中装点，更将自己发明的"马若尔蓝"大量应用在各类建筑之上，辅以异彩斑斓、冷暖色调不同的器皿摆设，营造出了一个如梦如幻、宁静优雅的静谧空间。

1980 年，著名国际时装设计大师伊夫·圣罗兰成为马若尔花园的第二位主人。在他看来，没有任何一种颜色能像"马若尔蓝"一样完美扮演既可以捕捉温暖光线，又可以释放冷调阴影的角色。这种比蔚蓝更摄人心魄的蓝竟是如此魅惑，与周围的斑驳陆离搭配的又是如此协调，

以至于他竟无法移开迷醉的目光。这里记录着圣罗兰与爱侣皮埃尔·拜雷的浪漫岁月，也留下了他们精心修饰的一砖一瓦。这里赋予了圣罗兰源源不断的创作灵感，也为他提供了取之不竭的精神源泉。如今，人们可以在距离花园不远的伊夫·圣罗兰博物馆里，继续探寻这位天才的创作体验，以及他与马若尔花园的不解情缘。

迈纳拉花园

　　同精致华丽的马若尔花园不同，迈纳拉花园显出的是非洲特有的粗犷之美。站在赭石色楼阁前眺望远方的阿特拉斯山脉巍峨起伏的曲线，在橄榄树下的林荫小道中闲庭信步，还能远远望见库图比亚清真寺沧桑的轮廓，这就是迈纳拉花园带给到访者的独特体验。

　　这座花园始建于 12 世纪，距马拉喀什老城 3 千米。它拥有一个150 米宽，200 米长的大型中心水池，通过精妙的地下灌溉系统为花园内的植物提供水源。而池中的水则通过一种古老的输水系统取自距马拉喀什 30 千米以外的山中。"迈纳拉"的意思是灯塔，也是池边楼阁的名字。若想来此处游览，可以选择一个晴空万里的冬日，远眺阿特拉斯山的皑皑白雪；也可以选择日落之时，感受金色夕阳映照下的静谧。

阿格达勒花园

　　阿格达勒花园同样位于马拉喀什，由穆瓦希德王朝首位哈里发阿卜杜勒·慕敏于 12 世纪建造，直到 19 世纪才建成今天这样一个占地 500公顷的大花园。"阿格达勒"本来的意思就是"花园"。在这座古老花

园中大量种植的橄榄、柑橘树和石榴树，在高阿特拉斯山泉的滋润下茁壮成长。

达尔哈娜观景平台坐落在花园最大的水池旁，从这里可以看到高阿特拉斯山脉奇特的景致。夏天时，这里凉爽舒适，流水潺潺，杏树和橄榄树枝叶茂盛，散发出诱人的气息，让人心旷神怡。在这里徒步旅行将会有一种进入伊甸园中的感觉。

除以上这些花园之外，摩洛哥还有诸如马拉喀什的阿赛特·穆莱·阿布德斯数码公园（Cyber Parc Arsat Moulay Abdeslam）、艺术公园（le Jardin des arts）、秘密花园（Jardin secret），以及拉巴特的安达卢西亚花园（Jardin d'Andalousie）、希迪布格纳代勒异域花园（les jardins exotiques de Sidi Bouk-nadel）等，各具特色，令人流连。

浅谈摩洛哥传统服饰

虽然全球化让世界各地人民的穿着打扮越来越相近，但每个民族还是在不同程度上保留了自己的特色服饰。民族服饰作为民族身份的有机组成部分，是一个民族除语言外展示和表达其独特民族风格的最重要方式。摩洛哥民族服饰的代表是吉拉巴（Jellaba）、卡夫坦（Kaftan）以及摩洛哥特色的巴布什鞋（Babouche）。

吉拉巴是摩洛哥最具代表的民族服饰之一，具有好几层象征意义。首先吉拉巴象征着爱国主义和对国王的忠诚。几个世纪以来，摩洛哥好几代国王都会经常身着吉拉巴出席重大宗教和官方活动，吉拉巴也是议会指定服装之一，议员可以穿着吉拉巴出席议会辩论已经成为摩洛哥议会的特色之一。而这一切都给吉拉巴添上了一层官方色彩，也提高了吉拉巴在摩洛哥和国际舞台上的影响力。

此外，吉拉巴也象征着妇女解放。最初吉拉巴只是摩洛哥男人的服装，1956 年摩洛哥独立后，摩洛哥女性也决定投身于祖国建设之中。因此决心放弃厚重的海克（Haik），改穿更加舒适方便的吉拉巴。经过几十年的改进，如今的吉拉巴已经出现了男女两种版本，而穿着吉拉巴的摩洛哥女性也因此获得了更大的自由和更高的地位。

吉拉巴非常实用。冬夏两季的吉拉巴分别使用羊毛和棉布材质，背后有一个尖尖的帽兜，既能在热辣夏日抵御太阳的伤害，又能在严寒冬季防止身体热量流失。如果在沙漠之中，吉拉巴也是防御风沙的好帮手。

卡夫坦则是摩洛哥女性的专属，是她们参加盛大庆典和婚礼的礼服。卡夫坦是一种无领的直筒长裙，一般用羊毛、开司米、丝绸或者棉布手工制成，色彩斑斓，前襟自上而下直到脚踝，上面饰有许多手工刺绣花纹。身着卡夫坦的摩洛哥女性腰间常系一条镀金或镀银的腰带，不仅凸显窈窕身姿，更同佩戴的珠宝饰品交相辉映，显得雍容华贵。在摩洛哥不同地区，卡夫坦会有不同的特色。对于一个十分了解卡夫坦的摩洛哥人来说，仅凭外观就可以认出身着卡夫坦的女性来自何地。此

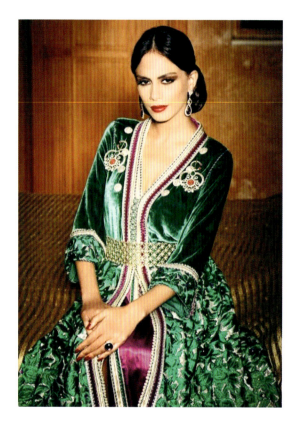

外，卡夫坦也吸引了欧洲众多时尚设计师的关注。迪奥曾经推出的VOGUE ARABE系列的灵感很大一部分就来自卡夫坦。

巴布什鞋也叫贝尔格拉，在摩洛哥已经有几个世纪的历史了。摩洛哥的巴布什鞋分为城市巴布什和柏柏尔巴布什，城市巴布什鞋一般鞋头尖细，而柏柏尔巴布什鞋头则为圆弧形。巴布什一般用山羊或者绵羊皮制成，最好的皮料来自非斯老城。巴布什鞋轻便舒适，上面多纹有特色图案，也可以通过图案来分辨出巴布什的产地，而马拉喀什的巴布什被认为是摩洛哥最好的。在盛大节日或者庆典时，摩洛哥人都会身穿吉拉巴，脚踏巴布什。相传摩洛哥巴布什鞋于17世纪传入法国，它柔软舒适的脚感和潇洒慵懒的气质，立即得到法国上流社会的青睐，从而也成为被载入史册的时尚单品。

办公一族在办公室里放一双巴布什鞋，上班时穿上，凉爽透气又轻便。如果你来摩洛哥旅游，带一双真皮巴布什回去，也不失为一个明智的选择。

无镂空，不摩洛哥

镂空之于建筑，大气中彰显雅致；镂空之于装饰，朦胧中藏着神秘；镂空之于服饰，高贵中透露着性感……

"摩式"之美在于镂空，这样的美，在摩洛哥随处可见。

午后，镂空窗边，阳光洒下一片光影斑驳，不时随着光线流转在地面轻轻抖动，最是一派撩拨心弦的美景。无意闯入一位摩洛哥佳人，镂空过滤了阳光的直接和炙热，留下了明暗交织，温柔地落在伊人身上，脚边放一张五彩马赛克桌，上置一壶甜甜的薄荷茶，恰如其分地展现了"摩式"岁月静好、现世安稳。

镂空之于建筑

摩洛哥的建筑将镂空发挥到了极致。如果说摩洛哥传统建筑里亚德（Riad）藏秀于内，将繁复精美的镂空技艺多用作内饰，令人不入不得窥其之美，那么大量现代建筑则溢美于外，用外层镂空设计瞬间吸睛，为相对造型简单的摩式建筑增添繁复之美，多了几分柔和；镂空外层设计也令自然光线得以更好地落入室内，有效地加强采光，并从四面八方投射下光影，漫步于内，用脚步追逐光影，平添了几分趣味。

走在卡萨布兰卡、拉巴特、马拉喀什等大城市，你们会看到飞机场是镂空的、火车站是镂空的、商场是镂空的、银行是镂空的、清真寺的门窗是镂空的，许多知名酒店更是由内而外各种镂空，让人沉醉其中。

不知朋友们注意到没有，摩式建筑展示的镂空大多都是白色的，这也是摩式现代建筑最喜爱的颜色。不要问原因，我也不知道为什么，只是想给出一个温馨小提示：摩洛哥日光充足，照射在白色建筑物上反光格外刺眼，外出请尽量佩戴墨镜哟！

镂空之于装饰

镂空装饰个中翘楚莫过于摩灯（摩洛哥灯）。摩灯与阿拉伯灯完全不是一个概念，常见的有传统而质朴的落地镂空铁灯，可以内置大号蜡烛摆放于庭院之中、泳池之边，夜风轻拂、烛光摇曳、闲话人生。

有精雕细琢的镂空铜灯，难得之处在于基本是纯手工制作，故而每一盏都是独一无二的。路过非斯等老城区灯铺时常会听到叮咚作响，那是铜匠在打造作品时的骄傲之声。铜灯造型各异，现在多以电照明、放于室内，可立于台面之上、可悬挂高顶之下，放哪儿都是一道美丽的风景。夜黑人静，灯光一亮，满室温柔，颇有些"一千零一夜"的梦幻之美。

羊皮灯是一种以铜骨为架、羊皮做罩的小灯，经常辅以镂空之姿、艳丽之色。置于桌上，二人面对面而坐，灯光落入眼中流光溢彩，浪漫气氛尽在不言中！

镂空之于服饰

摩洛哥毕竟是阿拉伯世界，衣服上镂空技艺发挥余地不大，但在鞋类、首饰方面仍是镂空风情满满，特别是不少国际珠宝大牌曾推出摩洛哥系列，均以镂空风格做主打风格，一股奢华感扑面而来。

摩洛哥海娜纹身

一提到海娜纹身，可能大多数人首先想到的是印度，然而在摩洛哥热闹的大街和人群聚集的广场上，也常常可以看到当地手绘师的身影等待和寻找着客人。

海娜的使用可以追溯到古罗马时期。摩洛哥是马格里布地区女性纹身传统最浓的国家，并多使用海娜。相较于永久纹身，海娜纹身不会对身体造成伤毁。对发肤的伤害在伊斯兰教中可被视为一种罪孽。

传统的纹身图案主要是从巴比伦时期流传下来的几何图形，例如简单的线、锯齿、圆点、三角形、正方形、菱形等，并且有着不同的象征意义。例如，三角形的图案使人联想到在美索不达米亚平原备受崇拜的牛头，寓意女性多子。阿拉伯式的花纹也是手绘师喜爱的素材。她们还常常从花儿、民族特色图腾、陶器、地毯、服装、乐器等艺术品甚至建筑上汲取灵感。有时候甚至可以看到法蒂玛之手的图案。

乍一看去，摩洛哥和印度的海娜纹身似乎并无区别。实际上，它们的主题图案是不同的，前者以具有宗教意义和民族象征的题材为

主，而在后者的创作中，几何图案、法蒂玛之手等十分鲜见。不过，在这两种类型的纹身中，都可以看到花卉图案，有的时候，我们也会把摩洛哥纹身和印度纹身统称为东方纹身。

海娜一般纹在手、脚和脚踝部位，神秘又吉祥的象征意义让它毫无争议地成为人生中最幸福时刻不可缺席的见证人，例如婚礼、宗教节日、洗礼等。海娜纹身使用在婚礼中，被视为新人的幸运符，并为未来的母亲带来好运。所以婚礼上的手绘师往往受到极大的尊敬，在摩洛哥南部地区的婚礼上，她会被邀请坐到新娘的身旁，并受到主办婚礼家庭的慷慨酬谢。如果是男方主办，甚至更加可观，以示对在宾客前打扮自己年轻漂亮新娘的重视。婚礼纹身需要的时间往往很长，领证之后就可以开始画了。婚后第一年，讲究的新娘会让自己的手和脚部一直保留海娜纹身，在分娩的前一天，也会画上海娜。

摩洛哥海娜的主要产地位于南部撒哈拉地区塔塔（Tata）和阿萨（Assa）的绿洲，种植历史已有几个世纪，每年可收获 4 次，以首次收获的叶子染色效果最佳。当地人熟练掌握处理海娜的特殊技能，将叶子一片一片采下，保留茎部，使其能够再发新叶，然后支起一种特别的伞状遮蔽物，在阴凉避光处晾干，研磨成粉即成。

最后奉上一点儿小福利：如何让如此神秘和异域风情的纹身保留时间更长呢？其中一种方法是在由海娜粉混入水、柠檬汁、玫瑰水或橙花水搅拌成的糊中加入精油，或者让海娜在皮肤上多停留一会儿，时间越长，颜色越深越持久。寒冷或干燥的气候也更有助于颜色的保持。

摩洛哥人的假期

摩洛哥北边的欧洲邻居们是"慵懒"出了名的，有人戏言他们是"春天工作、夏天度假、秋天罢工、冬天过节"。作为一个发展中国家，摩洛哥区位条件得天独厚，它衔接欧非、独占两洋、扼守直布罗陀海峡，交通便利。它拥有大西洋和地中海精致的沙滩和碧绿的海水，也有绵延起伏的阿特拉斯山山脉，还有阿拉伯、柏柏尔、安达卢西亚等文化交相辉映，内涵丰富，是欧洲邻居南下度假的后花园。守着这么多自然文化宝藏，摩洛哥人似乎应该好好开发，赶着欧洲人休假大把大把赚他们的钞票，但他们偏偏喜欢同"慵懒"的欧洲邻居们保持同一节奏，再穷也要把假休够。请跟随我聊一聊摩洛哥人的假期吧。

摩洛哥人的公共假期

摩洛哥的公共假期主要由 9 个法定假日和 4 个宗教节日组成。

（一）9 个法定假日

1 月 1 日 元旦

1 月 11 日 独立宣言节

5 月 1 日 劳动节

7 月 30 日 国王登基节

8 月 14 日 收复黄金谷地纪念日

8 月 20 日 国王和人民起义节

8 月 21 日 青年节

11 月 6 日 绿色行军纪念日

11 月 18 日 独立日

（二）4 个宗教节

开斋节（伊斯兰历 10 月 1 日）

宰牲节（伊斯兰历 12 月 10 日）

穆罕默德诞辰日（伊斯兰历 3 月 12 日）

阿舒拉节（伊斯兰历 1 月 1 日）

根据摩洛哥的法令，四个宗教节日摩洛哥公立机构和大中小学放假 2 天，私营单位放假 1 天或 2 天，9 个法定假日均放假一天。所以在公共部门工作的摩洛哥人每年大致有 17 天公共假期，而私营企业工作者很有可能只有 12 天的假期。当然，如果节日正好与周末重合，也是不会在周末之外多放假的。除此之外，摩洛哥不同社会群体也执行不同的休假制度。

摩洛哥学生的假期

和大多数国家一样，学生是社会中拥有假期最多的群体。摩洛哥大、中、小学生拥有约 3 个月的暑假，15 天的寒假。暑假从每年的 6 月初开始，一直到 9 月初结束。但是摩洛哥大学实际上只有 8 月份是关门的。学校会在六七月份安排各类考试和补考。如果你是个好学生，顺利通过所有考试，那就可以尽情享受近 3 个月的假期，如果不小心挂了几科，那只能在复习、补考中度过炎热的六七月啦。

此外，在摩洛哥有一个特殊群体，那就是在法国学校就读的学生。法国教育在摩洛哥被奉为圭臬，摩洛哥有钱人家都喜欢把孩子送到法国学校就读，认为法国学校教育质量高，学校设施先进，还有大把大把出国和移民机会，孩子会有个好前程。法国学校一般有小学、初中、高中部，学生毕业后大多数会去法国读大学。法国学校执行自己的放假计划，大致同法国接轨，基本上是上 6 周课，放 2 周假的节奏，有别于摩洛哥本地公立学校。所以学生除了摩洛哥 9 个法定假日和 4 个宗教节日的公共假期外，还有复活节假 1 天，春假 16 天，暑假约 60 天，秋假 17 天，圣诞假期 16 天。

摩洛哥成年人的假期

摩洛哥参加工作的成年人每年有 20 个到 30 个工作日的年假。年假可以按照自己的意愿拆分组合，不受周末和公休假期影响。一般情况下，家长会选择在七八月份休假，因为此时海水温度正好，更重要的是和孩子的假期重合，可以全家一起"浪、浪、浪"。所以七八月份被看作是家庭团圆，集体出游的好日子。

而单身青年则会把假期同节日和周末拼在一起来延长单次休假的时间。大多数摩洛哥人并不富裕，一半以上的休假者都会选择开车去海边，在本国沙滩上度过这慵懒的一个月。而那些富有阶层则经常出没在欧洲及美国的海滩上。

当然，休假也需要和工作节奏相匹配。对于一些特殊岗位，比如医生、外交官、军人来说，也有可能从年头工作到年尾也找不到合适的休息时间。但是无论如何，从整体上讲，摩洛哥人的假期和欧洲人相比是"毫不逊色"的。

又到一年宰牲节

据《古兰经》记载，先知伊卜拉欣晚年祈求真主安拉赐给他一个儿子。不久，伊卜拉欣果然有了儿子，他衷心感谢真主的恩赐，精心抚养幼子。一天夜里，真主托梦给伊卜拉欣，要求其献出自己唯一儿子的生命来证明对真主的忠心和对伊斯兰教的虔诚。对于伊卜拉欣来说，这比献出自己的生命更困难，比任何考验都残酷。但最终伊卜拉欣还是决定遵从真主的旨意，准备献出自己唯一的儿子。此时真主派出天使加百利阻止了伊卜拉欣，并用一只公羊替代了伊卜拉欣之子献祭给了真主。伊斯兰教创立后，穆斯林每年此时都会通过宰牲献祭来表达对真主的虔诚，而这一天也就成为伊斯兰信众的传统节日——宰牲节。

宰牲节是伊斯兰历法最后 1 个月的第 10 天，宰牲节的到来也意味着一年朝圣活动的结束。《古兰经》里说"对于人类来说，没有比在宰牲节向真主献祭一头牲畜更积累功德的了"。由此可见，宰牲节里向真主献祭一头牲畜几乎成了穆斯林每年的必修课。根据穆斯林传统，可以成为献祭的牲畜有牛、羊、骆驼。牛的年纪必须超过 2 岁，羊则必须大于 6 个月。献祭的牲畜不能有生病、衰老、消瘦、瘸腿或失明的情况，还必须四肢和尾巴健全。而有角，四腿、肚子皮毛以及眼圈呈黑色的公羊尤其被穆斯林所喜爱。

宰牲节的庆祝活动通常持续 3 天，一般会在清早举行仪式宰杀牲畜。宰牲节是一个分享和团结的节日，牲畜被宰后，穆斯林通常会将其分为 3 个部分。一部分分给穷人和乞丐，一部分分给朋友和邻居，第三部分则留给自家人享用。此外，还要举行会礼。穆斯林沐浴更衣后会聚于城市中心清真寺或宽畅的郊野举行盛大会礼仪式，以诵读《古兰经》、纪念先知、赞美圣贤为主要内容。

如今，一方面牲畜大规模的集中宰杀引起了一些动物保护组织和人士的关注，要求在宰杀动物时要尽力将动物的痛苦降到最小，一些穆斯林决定通过给宗教机构进行献礼来代替宰杀牲畜。另一方面，宰牲节对于经济不是很宽裕的家庭来说可是一笔不小的开支。据了解，在摩洛哥一只羊的售价目前至少也有 2000 迪拉姆（约合 1500 元人民币），超过了很多贫困家庭的月收入。再加上穆斯林历法中的开斋节、宰牲节之间相隔时间短，近几年宰牲节之后很快就是开学季。节日开支、度假开支、开学各类支出加在一起甚至超过了一些家庭一年的收入。

当然作为一年中最重要的节日之一，人们更多的还是表达宗教的虔诚和享受节日的喜悦。让我们也入乡随俗，一起感受节日的气氛吧。

在你面前撒个娇——摩洛哥的猫

"风之城"索维拉，满城尽是晒太阳浴的猫，姿态慵懒、表情享受，极为适合施展"吸猫"大法，撸个10来分钟仍觉意犹未尽，手感超好。因为索维拉的猫真是太肥了！乍一看都不敢相信自己的眼睛。经过亲手试探，大肥猫们毛茸茸的外表下，都是实打实、软乎乎的肉，你可以完全相信，即便是给索维拉的猫洗个澡，也绝不会出现瞬间瘦身的效果。

　　索维拉的猫非常亲人，你只要锁定一个目标，蹲下向它发出"爱的召唤"，那只灵活的胖子便会一路"喵喵喵"，妖娆地向你扭来，尽情享受你从头到尾给它来个免费全身按摩，顺便在你的裤腿上蹭上一腿毛。

　　别看此时的肥猫们软萌温顺，人猫和谐温馨，一旦到了晚上吃鱼的时候，它们便化身当地"黑帮"，火拼小鱼干（哦不，直接抢鱼），当地人基本只敢绕着走，避免围观被误伤。所幸索维拉濒临大西洋，海产丰富，港口附近食物充足，索维拉的猫们即便再争得头破血流，也能个个吃得膘肥体壮，幸福指数超高！瞬间让我想起一次在拉巴特水库边钓鱼，因为摘钩不慎将鱼掉在了岸边，还没容我弯腰把鱼捡起，斜刺里便窜出一个身手矫捷的肥猫，叼起我的鱼离弦之箭般逃离作案现场。当时我心中那个气呀！

　　其实不只是索维拉，自从来摩洛哥后就发现，这个国家大街小巷闲逛的猫很多，但狗却甚少，偶见有人周末遛狗，少闻半夜邻居柴门犬吠。人们对猫非常友好，爱抚、喂食、拍照，宠爱满满、溢于言表，猫们过得相当滋润。

　　其实不只是摩洛哥，整个阿拉伯世界，甚至说伊斯兰世界对猫都很友好。我对此颇为好奇，是什么原因让他们在"千年难解的猫狗大战"中选择了猫呢？经过与一些在其他伊斯兰国家工作的小伙伴的求证，也跟摩洛哥当地人深入探讨了这个"严肃"的话题，结果还真是找到了不少依据（或传说）。简而言之，这种对猫的喜爱与宗教信仰息息相关。

猫在穆斯林眼中是纯洁之物

在基督教文化中，主要是中世纪时期，猫往往被视为是女巫化身、邪恶代表，在那个动不动就烧死女巫的时代，猫也曾被连坐受刑。大家可以回想一下电影、动画中，但凡女巫出场，除了标配尖顶帽、大扫帚外，身边是不是也经常跟着一只小黑猫呢？比利时伊泊尔小镇每年都举行抛猫节，只不过现在已经是趣味性活动了，猫们都很安全。

在伊斯兰文化中，猫则基本没有经历过黑暗岁月，长期拥有崇高地位。这很大程度上是因为猫爱干净！穆斯林每天 5 次朝拜前，都要用清水净身，以干净之身、虔诚之心面向麦加祷告。猫不时舔舐自己、热衷洗脸的爱干净形象自然很是符合穆斯林的习惯。有种说法是，穆斯林大 / 小净之后、朝拜之前，如果摸过猫，是可以直接朝拜的，甚至猫喝过的水都可以用作大 / 小净，但如果摸了狗，则得反复再洗 N 遍。

先知穆罕默德爱猫

先知穆罕默德喜猫爱猫，称赞猫是纯洁的动物。先知自己养了一只名为木埃扎（Muezza）的小母猫，对其宠爱有加。据说某天先知正准备去朝拜，发现小猫在他长袍上呼呼大睡，为了不把猫吵醒，先知剪断长袍悄悄离开。在清真寺布道时，先知常常把小猫抱在怀中，据说这也是时至今日猫仍可自由进出清真寺，并在里面睡觉的原因。先知爱猫，信徒们自然爱屋及乌。先知的直传弟子阿卜杜·夏姆斯（Abd al-Shams），号称记忆力惊人，是记住圣训最多的弟子，备受尊敬。他有一只始终伴其左右的小猫，因为对猫的喜爱后被人称作 Abu Huraira，翻译过来就是"猫的父亲"。

各种证明猫是有灵性的故事

　　未经考证，权当一乐。例如：一个阿加迪尔（摩洛哥南部重要城市）小哥说，在当地猫是受保护的，因为 1960 年地震的时候，猫仿佛感受到了灾难即将来临，纷纷跑出家门，居民们感觉很奇怪便跟了出去，得以幸免于难；一个很火的视频显示，猫看到《古兰经》都会绕行，绝不会踩上去，这个视频曾一度相当火爆，有人认为这是猫"圣洁"的基因使然，也有人认为那就是个巧合；还有传闻说摩洛哥苏丹伊斯梅尔一世也养了只猫，打仗前伊斯梅尔会单独和猫交流，之后便如有神助打赢了无数场战役，并统一了摩洛哥。

　　当然，还有小伙伴很真诚、很实在地告诉我，其实猫狗在伊斯兰世界都差不多，因为狗平常都关在家里，猫则常在外面闲逛，所以大多看到满街都是猫的场景。说到最后，还是要提醒一下各位来摩洛哥观光的亲们，虽然猫很可爱，也相对温顺，但街上的猫大多没有接种过狂犬疫苗，所以撸猫需谨慎啊！

风味摩餐

摩洛哥的饮食文化深厚而丰富。摩餐色彩鲜艳，香气扑鼻，口味浓烈。但不论您会法语还是阿拉伯语，来摩洛哥旅行有时会遇上尴尬的事情：坐在摩洛哥餐厅里，拿起菜单却发现菜名既不像法语又不像阿拉伯语，简直是欲哭无泪。即使两种语言都精通的人，有时候也要费上九牛二虎之力。不过不用担心，现在就给大家送上一份来自摩洛哥的菜单。

塔吉锅（Tajine）

塔吉锅可以说是摩餐中最有名也是最具特色的菜肴了。它的起源至今不明，有人说来自柏柏尔人，有人说来自希腊人，也有人说来自波斯人。摩式塔吉锅有300多种做法，味道可甜可咸。乍一看有点像东北大乱炖，事实上也的确如此。几乎所有的肉类、鱼类、蔬菜都可以作为它的原材料，再辅以各式香料，通过长时间炖煮，肉质丰润绵软，味道浓郁，口感丰富。

街旁小餐馆供应的普通塔吉锅通常只有几种食材，从露天烤炉上拿下来，然后放在一个摇摇晃晃的折叠桌上供食客享用。通常你可以自由选择，挑一个焖煮了一两个小时的锅，再配上"摩式面包"。千万不要以貌取锅，这也许会是你在摩洛哥吃到的最可口的塔吉锅。

摩洛哥餐馆里最常见的塔吉锅有牛肉李子脯塔吉（Tajine Viande aux Pruneaux）、鸡肉柠檬橄榄塔吉（Tajine Poulet）、鱼肉塔吉（Tajine Poisson）等。如果你在摩洛哥已经停留了一段时间，也许会对这些经典塔吉感到厌倦。但一旦无意中撞见某种独特的地区风味，也许你会迅速迷恋上某种鸡肉柠檬橄榄塔吉，这时你便会理解摩洛哥人为何对于讨论柠檬皮的厚度和橄榄的咸度等小细节情有独钟了。

烹调塔吉锅的器皿由河泥陶土烧制而成，类似中国的砂锅，但锅盖却是一顶"尖口的帽子"。这种尖帽型的盖子设计可以使烧煮产生的水蒸气顺着盖壁流回锅内，用极少的水做出美味的食物，特别适合缺水的沙漠地区。摩洛哥南部城市马拉喀什、阿加迪尔是塔吉锅具的主要产地。柏柏尔塔吉锅和四大皇城（拉巴特、非斯、马拉喀什、梅克内斯）的塔吉锅最为出名。

摩式烤全羊（Méchoui）

摩洛哥的重大场合都离不开一道特色肉菜，即烤全羊。外酥里嫩的烤全羊加上5种蔬菜的搭配，可谓色香味俱全，是饕餮者的最爱。摩式烤全羊一般选取整只的羔羊或者绵羊肉，涂上黄油、蒜汁、小茴香和辣椒粉，或是直接在火上烤制，或是在土窑内先蒸再烤，肉质酥嫩到可以在口中融化。正宗的烤全羊对食材要求较高，制作工艺复杂，火候把握严格，当然价格也相对不便宜，最好还是去比较知名的风味餐馆品尝。

古斯古斯（Couscous）

学法语和阿拉伯语的小伙伴对古斯古斯肯定都不陌生。该菜来源于柏柏尔人，被他们称为"Seksu"。古斯古斯的主要原料是肉、蔬菜和

粗麦粉。大厨会先将肉类搭配南瓜、土豆、萝卜等块茎类蔬菜和各式香料炖至七成熟，然后在锅上架上蒸屉、铺上粗麦粉，在炖肉的同时，用香气扑鼻的肉汤将麦粉蒸至松软可口，全程耗时约 2 个小时。传统的古斯古斯上桌时，大厨会在麦粉上码上炖熟的肉和蔬菜，再淋上汤汁。由于准备和消化都需要相当长的时间，因此摩洛哥人通常在周五中午祷告后才全家聚齐，一起吃古斯古斯。

　　每个城市的古斯古斯都各具特色。比如卡萨布兰卡风格的会搭配 7 种蔬菜，非斯特色的会配羊肉和蔬菜，在索维拉则可以品尝到鱼肉古斯古斯，另外还有纯素搭配的古斯古斯。一般餐馆都会提供不同种类的古斯古斯，比如：羔羊肉古斯古斯（Couscous agneau）、烤全羊古斯古斯（Couscous méchoui）、素食古斯古斯（Couscous végétarien）等。但是，如果你问任何一位摩洛哥朋友，最好吃的古斯古斯在哪里，那所有人都会给你同样的答案：家里的最好吃，妈妈做的味道最美。所以，品尝最正宗古斯古斯的最理想方法就是周五的中午深入摩洛哥的普通家庭，亲手体验、亲口感受最摩洛哥的菜肴。

巴斯提拉饼（Pastilla）

　　巴斯提拉饼最早出现在非斯。外皮类似我们的春卷皮，馅料主要分 2 种：一种是咸味的，酥皮内包裹虾仁、鱿鱼等海鲜；另一种口味偏甜，类似江浙菜，是用鸽子肉或鸡肉搭配洋葱、柠檬、鸡蛋和烤甜杏仁做馅。烤好的饼皮上还要撒上糖霜和肉桂粉。据说鸽子肉馅的巴斯提拉饼以前是王室专供，但现在高级的摩式餐厅或酒店也能吃到，而鸡肉或是海鲜的巴斯提拉饼则更为日常。巴斯提拉饼既可以做前菜，也可以做主菜。

哈里拉汤（Harira）

哈里拉汤是马格里布地区的传统浓汤，一般全年可食，但冬季尤多。在任何一家摩餐餐厅，晚餐时间都有供应。服务员会当着你的面揭开熬汤大锅的盖子，为你盛上满满一碗热气腾腾的暖心汤。这种类似中式浓羹的摩国汤菜以牛羊肉搭配西红柿、洋葱、扁豆、鹰嘴豆等熬制而成，佐以香菜和藏红花调味，浓香扑鼻，口味酸甜。一些摩洛哥家庭以哈里拉汤作为晚餐主菜。而斋月期间，则是每家每日开斋必备，还会搭配椰枣、白煮蛋、薄饼等。

沙威玛烤肉（Shawarma）

沙威玛烤肉是起源于黎凡特地区的美食（古代地理概念，现叙利亚、黎巴嫩等地），和国内常见的土耳其烤肉有异曲同工之妙，都是将串好的大块鸡肉、牛肉放在烤肉柱上，旋转烘烤至金黄，再用专用刀具一片片削下。食用时一般搭配浓厚的酸奶油酱，还可以选择搭配洋葱、沙拉和薯条等。

如果您觉得烤全羊等待时间过长且价格较高，那么沙威玛烤肉正好是烤全羊的完美替代品。在摩洛哥随处可见烤肉铺，一餐下来一般不会超过 50 迪拉姆。沙威玛烤肉一般有沙威玛混合烤肉（shawarma mixte）、沙威玛鸡肉（shawarma poulet）、沙威玛牛肉（chawarma boeuf）等。可以做成肉卷，也可以盘食。

塞发（Seffa）

摩式塞发别名天使银发，以粗麦粉、米或粉丝为主要原料，辅以葡萄干、糖粉、肉桂粉、杏仁粉等，口味偏甜。一般在主菜之后，甜食之前食用，是传统婚礼仪式和家庭聚餐时的必备菜式。

哈菲撒（Rfissa）鸡腿灌饼

来自卡萨布兰卡的哈菲撒鸡腿灌饼的历史可以追溯到几个世纪以前。传统认为它有助于帮助顺利生产的母亲恢复体力，有祝福之意，故一般是庆祝家庭添丁款待亲朋的宴会必有菜式。灌饼的主要原料包括切成片的摩式灌饼、鸡腿、胡萝卜、洋葱等。

特色甜食：原料多为蜂蜜、杏仁、椰枣等

蛇形蛋糕（Mhencha）：由蜂蜜、车厘子、杏仁调制而成的摩洛哥特色蛋糕。

杏仁羚羊角酥（Cornes de gazelle aux amandes）

蜂蜜杏仁黄金角（Briouates au miel et aux amandes）

核桃杏仁格力巴酥（Ghriba aux noix et amandes）

椰枣麦考特（Makrout aux dattes）

杏仁蛋黄酥（Rochers aux amandes）

　　摩洛哥人自诩，摩餐是继中餐和法餐之后的世界第三大美食。除了塔吉锅和古斯古斯，还有诸多热蔬菜沙拉、慢火炖肉、新鲜水果和甜蜜点心，让人垂涎欲滴。

　　怎么样，你要不要来品尝一下摩式美食呢？

　　"B'saha"——祝你有个好胃口！

寻味梦里果香

摩洛哥带来的神秘与惊喜无处不在，水果当属其中之一。和祖国大西北的新疆相仿，这里光照充足、昼夜温差大，造就了培育水果香甜气质的绝佳条件。加上北部独特的地中海气候，冬季降水更加充沛，正因如此，水果种类更加多样，且种种都口味上乘。

常住在这里的人幸运地多了一种记录时间的方式：水果月历。春夏之交，伴随雨季挥手别离，草莓陆续上市，迎来了一年水果盛会中的首批主打明星。枇杷、桃、杏、李紧随其后。而最让我期待的要数5—6月间的短暂的樱桃时节，物美价廉，不得不感慨终于在北非之角实现了车厘子随便吃，幸福感爆棚。随着炎炎夏日来临，果市迎来西瓜的主场。这里的西瓜之大，让人揣测莫非这种子是上过太空的。

柑橘类

秋季上市的柑橘类水果几乎可以说是摩洛哥的四季水果。一年到头各种各样的橘或橙在市场上几乎没有断过。其种类之多，口味之香甜也是让人大开眼界、大饱口福。就连一些从小并不喜食柑橘的人也会深深反省，原来并不是柑橘的错，而是因为以前没来摩洛哥。一日闲逛市场，橘子摊后的小哥指着他的大橘子，用蹩脚的英语朝我喊：From China! Good！我礼貌地笑笑，心想，小哥莫不是太想卖出他的橘子了？摩洛哥传统的王牌水果和中国有什么关系？后来闲读到一段文字才知道，摩洛哥的柑橘竟是从亚洲而来，又联想起另一篇文章提及中国是柑橘的原产国。我恍然大悟，水果摊的小哥真是大隐隐于市的高人呵。

住所院里有一棵食用橙子树（摩洛哥的大街小巷两边栽种了大量的橙子树，但多为景观树种，果实酸涩），一日日看着它白花簇放、果子由小变大，再由青色变橙黄，到快成熟的几个月，时间的指针仿佛都故意走慢，路过的同事都是一日摸三回，终于等到收获的时候。几位同事们踩着梯子上树去，现采现榨的果汁做成饭后甜品，无限的鲜甜滋味入口一瞬间，仿佛时光机的指针倒拨了 20 年，老家长辈从果树上取材做的各种果汁，童年最朴素最简单的快乐在异乡重现。

仙人掌果

走在摩洛哥的街巷中，常常可以看到手推车上的仙人掌果摊。只见当地小哥戴着手套，一只手拿起一颗，另一只手娴熟地用刀尖轻巧地绕一周，便把椭圆形的完整果实掏出来。一颗、两颗、三颗……这种口味甘甜、面貌新奇的水果往往一次要吃五六个才能过瘾。

刚开始不懂得剥仙人掌果的技术含量，一日去市场买了一袋回来打算自己操刀，结果被果子浑身遍布的小毛刺扎了满手，想挑出来？几乎肉眼不可见，不挑出来？手无处安放。那一刻，突然想起旧时家里的喵星人不小心拥抱了仙人球，大概是一样的感觉吧。撒哈拉沙漠、仙人掌、仙人掌果，如此"严密"的逻辑链让大多数远道而来的人都愿意去尝一尝。

但事实上，如此摩洛哥的水果，竟然也是舶来品，据考证是被哥伦布从遥远的拉丁美洲带来的，当年同船的小伙伴还有烟草和土豆。

后起之秀的红色水果

近年来，以草莓、覆盆子和树莓为代表的红色水果在摩洛哥大放异彩。气候温和的肯尼特拉地区被认为最适宜这类水果的生长，短短数十年间发展起来大片的果园，2018 年产量达到 19.7 万吨，种植面积是 10 年前的 176 倍！这背后，不是摩洛哥人的口味突变，而是因为欧洲市场的快速打开。伴随先进的速冻和冷鲜物流技术，绝大部分的红色水果都端上了欧洲人的餐桌，每年给摩洛哥带来 34 亿迪拉姆的收入。

当然，由于气候和运输所限，许多在国内常见的水果很难在摩洛哥见到，即使出现也是价格高昂。比如，在这里荔枝的高价绝对可以让人吃出唐朝"贡品"的感觉，火龙果也终于变得像它的名字一样高冷，椰子、红毛丹等都属于奇珍异品行列……

沉浸在水果的甜蜜中，仿佛在摩洛哥的所有工作生活点滴都被围绕上了一份香甜的气息。我曾无数次想过，如果 10 年、20 年后的某一天，突然回顾起在这里的一切，那时候还能想起些什么？经历时间的磨砺，久久不会消失的东西大概不会多，但水果的甜蜜滋味应该算是其中之一。

摩洛哥的世界文化遗产

许多人所了解的摩洛哥是热门的旅游目的地、网红的拍照国家，其实，摩洛哥历史悠久、文化底蕴深厚，是一个不折不扣的文明古国。提起自己国家的文化遗产，摩洛哥人一定会带着骄傲的神情打开话匣子。在摩洛哥，一共有9处被联合国教科文组织评定并入选《世界文化遗产名录》的景点。这些古城和遗址用无声的方式诉说着这片土地上曾发生的种种：军事征战、外族入侵、文化交融、技艺发展以及千百年来生活的延续……

非斯老城

非斯老城始建于公元9世纪，那里有世界上最古老的大学——卡拉维因大学，承载着789年至808年作为伊德里斯王朝首都的斑驳记忆。在最初的城市布局中，非斯河将这里一分为二，一边是安达卢西亚人的防御区；另一边是凯鲁万人的防御区。后来，摩洛哥王朝更迭，先后在这里留下一笔笔痕迹：穆拉比特王朝将非斯两岸独立的防御区合二为一；穆瓦希德王朝奠定了非斯城如今的规模；马林王朝在西边另起一座新城，容纳着皇宫、军营、防御工事和居民区。从那往后，老城与新城在共生中同步发展，形成了一个体现着丰富建筑形式与城市样貌的伟大伊斯兰都市。

非斯城建筑的最大特点是其建造和装饰技艺非常精湛，这些技艺的发展过程超过10个世纪，融合了当地工匠的巧思和来自外部世界的灵感，因而极具魅力。非斯老城被公认为是阿拉伯穆斯林世界最宏大、保存最完好的历史名城之一。在那些不可通车的城市空间里，大部分原始功能都被较好地留存了下来。非斯老城不仅是一处独特的建筑、考古和城市文化遗产，还展现着传承并发展至今的生活方式、技艺和文化。

1981年，非斯老城被列入《世界文化遗产名录》。

马拉喀什老城

　　1070 年至 1072 年，穆拉比特王朝建立马拉喀什城。1147 年至 1269 年，穆瓦希德王朝定都于马拉喀什，在此后很长一段时期内，这里一直是摩洛哥的政治中心、经济中心和文化中心，影响力遍及从北非到安达卢西亚的整个西部伊斯兰世界。马拉喀什老城里还保留着许多那个时代的遗迹，包括著名的库图比亚清真寺、城墙、巨大的城门、花园等。此外，老城中还有一些后期建造的伟大建筑，如巴迪王宫、本·约瑟夫神学院、巴希亚宫，以及被列入联合国教科文组织非物质文化遗产的德吉玛广场。

　　马拉喀什老城一直保留着原始设计，使用的建筑和装饰材料经久耐用，而且几百年来得到了细致的维护。得益于此，这里的自然和文化传统虽经历岁月洗礼，却仍然闪耀着独特的光辉。

　　1985 年，马拉喀什老城被列入《世界文化遗产名录》。

阿伊特·本·哈杜筑垒村

　　位于瓦尔扎扎特省的阿伊特·本·哈杜筑垒村是摩洛哥南部建筑的经典范例，也是摩洛哥最有名的一处筑垒村。筑垒村指的是一组由高墙围起来的土制建筑。这是一种典型的前撒哈拉居民聚居区，在高墙内会建有许多房屋，高墙四周还有箭塔进行辅助防御。一般来说，筑垒村内除了民居外，还会建设清真寺、公共广场、打谷场、粮仓、堡垒、商队客栈等公共设施。

　　无论从结构还是材料来说，阿伊特·本·哈杜筑垒村都保留着其建筑的原汁原味，风格被较为完好地保存至今。泥土筑垒方式既适合当地气候条件，又与自然和社会环境和谐统一。然而经历了社会动荡和不同文化的交替影响，阿伊特·本·哈杜筑垒村早已不复往日活力，那些由土垒砌的建筑和墙壁也因为维护不善而变得脆弱不堪，许多当地居民已放弃在这里生活。

　　1987 年，阿伊特·本·哈杜筑垒村被列入《世界文化遗产名录》。

历史名城梅克内斯

梅克内斯是柏柏尔人统治者于公元 11 世纪建造的一个军事城市，后在阿拉维王朝奠基者穆莱·伊斯梅尔苏丹的统治下发展成为首都。这位苏丹将梅克内斯打造成一座具有西班牙—摩尔风格的雄伟城市，人们今日所见的梅克内斯即是阿拉维王朝创作的第一个大型作品，城中的一砖一瓦无不昭示着其君主的宏大气魄。

梅克内斯的一大显著特征是高达 15 米的城墙和 9 座巨大的城门。这里也被认为是马格里布防御型城市的一个样板，完整展示着 17 世纪北非都城的城市结构和建筑特点。

1996 年，梅克内斯被列入《世界文化遗产名录》。

得土安老城

公元 8 世纪开始，得土安就成为连接摩洛哥和安达卢西亚的主要通道，意义特别。西班牙再次征服这里之后，城市由安达卢西亚难民重建，因此建筑和艺术风格明显带有安达卢西亚特色。

得土安老城极小，却是摩洛哥最完整的阿拉伯老城，绝大多数建筑都没有受到后期的外部影响。近 5 千米长的城墙环绕老城，居民可通过 7 座城门出入，城内大大小小的道路连接着清真寺、手工作坊、商店等公共区域。

1997 年，得土安老城被列入《世界文化遗产名录》。

沃吕比利斯罗马古城遗址

沃吕比利斯古城建于公元前 3 世纪，曾经是北非古国毛里塔尼亚的首都。公元 40 年，沃吕比利斯被罗马人占领，而后被柏柏尔人统治，最后又被阿拉伯人征服。1874 年，考古学家们发现了沃吕比利斯遗址，1915 年开始大规模挖掘。

沃吕比利斯有宏伟的凯旋门、气派的中心广场、风格多样的建筑，而且公共区域和私人区域划分明显，城市基础设施建设完善，当时罗马帝国在城市发展方面的先进程度可见一斑。游客们如果有时间到访拉巴特历史文明博物馆，会发现馆内最重要的展品大多出自沃吕比利斯，其中既有马赛克装饰、碑文，也包括大理石、青铜雕像等。大量文物向今人讲述着，这里作为罗马帝国的重要前哨，当年有多么辉煌繁荣。可惜的是，沃吕比利斯经历地震灾难，后又遭遗弃。据说在伊德里斯王朝时期，为了在梅克内斯附近修建宫殿，人们从沃吕比利斯拆除了部分建筑以便得到更多材料。昔日的繁华都市就这样一点点消逝在了岁月里。

1997 年，沃吕比利斯被列入《世界文化遗产名录》。

索维拉老城

索维拉原名摩加多尔，这个词来自于腓尼基语中的"Migdol"，意为"小堡垒"。这个 18 世纪晚期发展起来的北非防御型港口城市，连接着摩洛哥以及撒哈拉内陆地区与欧洲和世界其他国家的贸易往来，也因柏柏尔人、阿拉伯人、非洲人、欧洲人等不同族群的和平共处，成为多元文化相互交融的中心。

与地区其他老城相比，索维拉老城建设时间较晚，当时阿拉维王朝的苏丹穆罕默德·本·阿卜杜拉计划将这座大西洋岸边的小城建设成皇

家港口和摩洛哥对外贸易之都。17世纪末，正值摩洛哥迈开大步对外开放之时，一位法国建筑设计师以同期欧洲防御城堡为蓝本，设计了索维拉老城的最初布局，既在很大程度上保留了欧洲建筑的特点，又融合了北非的地方特色。而在18世纪末至整个19世纪，这里也真正成为非欧贸易的要地之一。

2001年，索维拉老城被列入《世界文化遗产名录》。

马扎干葡萄牙城——杰迪代

位于卡萨布兰卡西南90千米处的马扎干军事要塞是葡萄牙人16世纪早期在大西洋沿岸修筑的工事，现在为杰迪代市的一部分。当年，马扎干是葡萄牙探险者前往印度途中的海外补给站。1769年，葡萄牙人离开。19世纪中期，摩洛哥人回来定居，这里被更名为杰迪代，逐渐发展成商业中心和穆斯林、犹太人和基督徒和平共处的多文化交汇之地。

如今，葡萄牙殖民时期设计建造的城墙、堡垒、基督教堂和蓄水池都还较为完好地保留在城内。无论从建筑、技术还是城市规划方面来看，这里都是欧洲文化与摩洛哥文化相互影响和融合的最佳例证。

2004 年，马扎干葡萄牙城被列入《世界文化遗产名录》。

拉巴特——现代首都与历史之城

坐落在摩洛哥西北部大西洋岸边的拉巴特是这个王国穆斯林历史与西方文明交汇的地方。拉巴特的城市规划和建设要追溯到 1912 年至 1930 年的沦为法国保护国时期。法国人在这里建造了王宫、政府行政机关、住宅区、商业区、植物园等。

拉巴特似乎一直对自己的历史古迹和传统民居爱惜有加。在其现代化发展的过程中，历史的印记不是羁绊，而是成为贯穿城市规划、建筑设计、装饰风格方方面面的一缕光芒。在这里，你既能看到千年历史的老街区，如 1184 年始建的哈桑清真寺，又能看到 20 世纪以来非洲最雄心勃勃、最庞大，也很可能是最完备的新城区建设项目，如在建的、号称非洲最大的拉巴特大剧院。

2012 年，拉巴特被列入《世界文化遗产名录》。

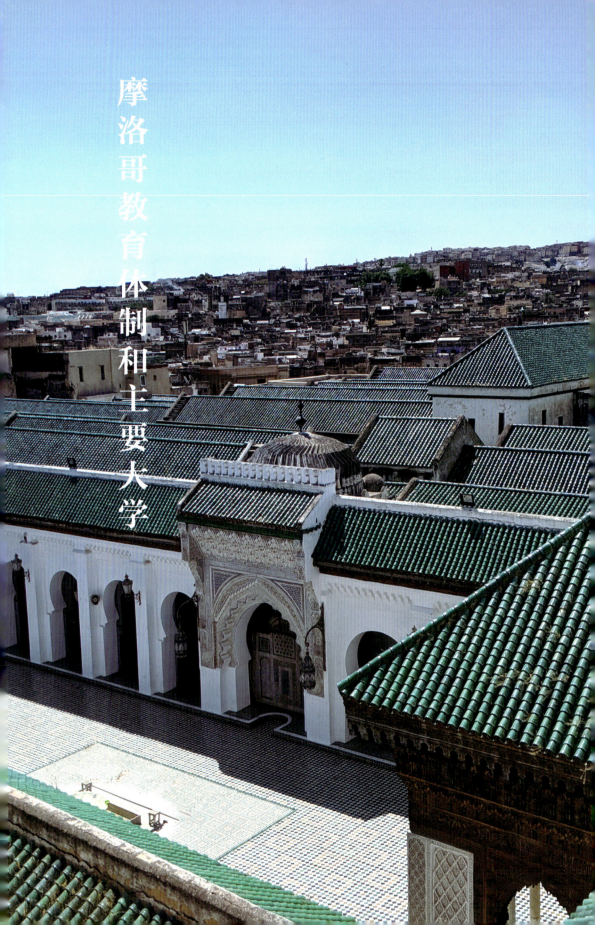

摩洛哥教育体制和主要大学

摩洛哥非常重视教育发展，摩洛哥将教育视为实现持续发展和民族复兴的根基。在推动教育发展方面，摩洛哥一直致力于教育普及化、教材统一化、师资本土化和教学阿拉伯化。摩洛哥每年的教育预算约占国家预算总支出的1/4。

摩洛哥的教育体系大致分为：学前教育、初等教育、中等教育、职业技术教育和高等教育，此外还有扫盲教育。为了降低文盲率，摩洛哥正式成立了国家扫盲机构，致力于将本国的文盲率从目前官方数字统计的30%降至未来2021年的不足20%，2026年的不足10%。

摩洛哥的学校教育分为基础教育和高等教育，基础教育分3个阶段：小学6年、初中3年和高中3年。高等教育包括3个阶段：本科3年、硕士2年和博士3年。在摩洛哥小学和初中两个阶段是义务和免费教育，高中和大学两个阶段也是免费教育但非义务教育。

高等教育是摩洛哥赖以实现政治稳定、经济繁荣和文化发展的最重要战略部门之一。在高等教育体制方面，摩洛哥致力于实施与国际接轨的法国高等教育体制：第一阶段学期为三年，毕业后可获大学基础文凭，相当于中国的学士文凭；第二阶段两年，毕业后获硕士学位；第三阶段三年，毕业后可获博士学位。该高等教育体制自20世纪末在摩洛哥大学得以实施和普及，其特点是培养计划与就业市场紧密联系，培养课程体系具有多样性、灵活性和交叉性。此外，这一模式所实施的"欧洲学分转换体制"，简化和推动了摩洛哥大学与欧洲大学学生在学习期间的相互交流。

摩洛哥约有24所大学，规模不同，特色各异。位于古城非斯的卡拉维因大学（University of Al Quaraouiyine）是一所宗教特色的大学，建于公元859年，拥有1100多年的历史，是世界上最古老的大学，培养出很多阿拉伯哲学、宗教和文学巨匠。位于摩洛哥首都拉巴特的穆罕默德五世大学（Mohammed V University）建于1957年，不仅是摩洛哥独立后的第一所现代大学，而且也是摩洛哥现代大学的典范和翘楚，摩洛哥各行各业的很多精英均毕业于穆罕默德五世大学。位于摩洛哥小镇伊夫兰的阿卡韦恩（Al Akhawayn University）大学建于1993年，是一所具有多样性和开放性的新型现代大学，该大学实施美国大学体制，采用英语教学，开设适应全球化趋势的课程，旨在培养摩洛哥和国际社会领袖人才，是摩洛哥现代大学的一支新生力量。除了各具特色的公立大学之外，21世纪初摩洛哥出现了一些私立大学，其中主要有非斯私立大学、卡萨布兰卡国际大学和拉巴特国际大学等。

摩洛哥主要大学一览表

名　　称	种类	成立时间	所在城市
卡拉维因大学 University of Al Quaraouiyine	公立	859年	非斯 Fes
穆罕默德五世大学 Mohammed V University	公立	1957年	拉巴特 Rabat
哈桑二世大学 University of Hassan II Casablanca	公立	1975年	卡萨布兰卡 Casablanca
卡迪亚德大学 The Cadi Ayad University –	公立	1978年	马拉喀什 Marrakech
穆罕默德一世大学 Mohamed Premier University	公立	1978年	乌季达 Oujda
西迪·穆罕默德·本·阿卜杜拉大学 University of Sidi Mohamed Ben Abdallah	公立	1980年	非斯 Fes
沙伊布·达卡利大学 University of Shoaib Dakkali	公立	1985年	杰迪达 El Jadida
伊本·佐海尔大学 University of Ibn Zahr	公立	1989年	阿加迪尔 Agadir
伊本·图菲勒大学 University of Ibn Tufail	公立	1989年	肯尼特拉 Kenitra
阿卜杜·马力克·萨阿德大学 Abdul–Malik al–Saadi University	公立	1989年	丹吉尔 Tangier
穆莱·伊斯梅尔大学 University of Moulay Ismail	公立	1989年	梅克内斯 Meknes
阿卡韦恩大学 Al Akhawayn University	公立	1992年	伊夫兰 Ifrane

哈桑一世大学 Hassan I University	公立	1997 年	塞塔特 Settat
苏丹·穆莱·苏莱曼大学 University Of Sultan Moulay Sulaiman	公立	2006 年	贝尼迈拉勒 Beni Mellal
穆罕默德六世医学大学 University Mohammed VI of Health Sciences	公立	2014 年	卡萨布兰卡 Casablanca
非斯私立大学 Private University of Fez	私立	2006 年	非斯 Fes
卡萨布兰卡国际大学 International University of Casablanca	私立	2010 年	卡萨布兰卡 Casablanca
拉巴特国际大学 Rabat International University	私立	2010 年	拉巴特 Rabat
欧洲地中海大学 Euro-Mediterranean University of Fes	私立	2012 年	非斯 Fes

第三章

地平线新尽头

白色都城拉巴特

只要出发，每天都是一场邂逅。

拉巴特与非斯、马拉喀什、梅克内斯并称摩洛哥的四大皇城，现如今也是王国的首都。这个北非城市在四年前就走进了我的生活。4 年来从短暂逗留到长此居住，到今天算来已经在这里生活了也快两个年头了。这个曾经和我八竿子打不着的地方，居然成为除北京之外我居住最长的城市。

拉巴特这个名称源于阿拉伯语，含义不一，说法众多。有人说它原是大西洋畔的小渔村，当时的国王将逮捕的罪犯和俘虏的战犯押送到这里从事繁重的苦役，随着被送来的人越来越多，村子逐渐扩大，形成城市，拉巴特的名称由此而生。也有人称，1150 年，摩洛哥穆瓦希德王朝的统治者阿卜杜勒·阿里·穆明为了出兵阿尔及利亚、突尼斯和渡海远征西班牙，在大西洋沿岸的古罗马城市萨累附近修建了一座军事要塞，定名为"里巴特·法特赫"，意为"胜利的营垒"。久而久之，"里巴特"演变成"拉巴特"，并作为城市名称沿用至今。而军事要塞便是如今的乌达雅城堡，也称乌达雅要塞。

虽然拉巴特并非最惊艳、最使人记忆深刻的摩洛哥城市，但是来到过摩洛哥的游客一定会认为她是最让人舒服的一座城。不做作，不喧哗，安静祥和，永远带着一种与世无争的态度。如果来旅行，想更多地了解这个城市的风貌和人情，我建议您在此多逗留些时日。最好选择一个晴朗的清晨，当朝霞染红了半边天，大西洋的海水逐渐褪去墨色，伴随着高亢而悠扬的宣礼声，拉巴特也苏醒过来。或许跟穆斯林的生活方式有关，清晨的街道上人很少，没有白日里的车水马龙、吵闹喧嚣。这样一个安静美好的存在，给您留下的一定是温馨宁静、记忆深刻的画面。

来拉巴特一定不会让您失望。市内有王宫、乌达雅堡、舍拉废墟、穆罕默德五世国王陵寝等多处古迹，也有现代和当代艺术博物馆和众多清真寺。

乌达雅堡是一定要去看看的。城堡位于拉巴特老城以东、布雷格雷格河入海处，濒临大西洋，是一个古城堡建筑群。始建于12世纪柏柏尔王朝，后为阿拉伯王朝所用，曾被葡萄牙人和法国人占领。这座乌达雅堡内如今仍保留着柏柏尔民居和街道，湛蓝的天，金黄的墙，典型的阿拉伯地区画面。电影《碟中谍》曾在此取景，而蓝白相间的建筑色彩，则可以满足女孩子对浪漫的幻想。乌达雅堡对外开放区域分3个部分：一是院内花园，为伊斯梅尔苏丹于17世纪所建，小巧玲珑，幽雅精致，花木繁茂，具有安达卢西亚园林建筑的典型风格；二是一个小型的博物馆；三是高空平台，为古时空中市场遗迹。站在平台上，可拍摄布雷格雷格河入海口、拉巴特古港口和萨累市全景。只要您举起相机，一定都是大片的感觉。

与乌达雅堡同时代的哈桑大清真寺遗址是拉巴特的象征。哈桑大清真寺原是北非最大的清真寺，建于1195年穆瓦希德王朝，长183米，宽139米，四周有16道门。清真寺的宣礼塔（哈桑塔）用玫瑰色石砖砌成，塔高44米，塔身四周布满雕刻，图案精美各异，体现了典型的摩洛哥传统艺术特色。据说当年的苏丹雄心勃勃，要把它建造成一座极其宏大的清真寺，可容纳数万名穆斯林士兵同时祈祷。可惜工程尚未竣工，他便去世。而1755年里斯本大地震更是将大部分建筑化为废墟。唯一屹立至今的雄伟典雅的哈桑塔和312根半截石柱，是大清真寺往日的规模与气派的最好见证。

哈桑塔平台的另一侧是摩洛哥前国王穆罕默德五世的陵墓。穆罕默德五世为现国王穆罕默德六世的爷爷，1961年逝世。陵墓始建于1962年，1971年竣工，为阿拉维王朝建筑风格，整体为白色，但屋顶则为典型的摩式绿色琉璃瓦屋顶，四周为带拱门的敞廊。墓室内十分豪华，

大理石墙面装饰着精美绝伦的马赛克，地面铺满花岗岩，高大的穹顶金碧辉煌。墓室中间安放着五世国王的棺椁，两侧分别为其两个儿子哈桑二世和阿卜杜拉亲王的石棺。陵墓内还有个小型陈列馆，藏有阿拉维王朝历代君主画像以及五世国王统治时期的历史资料与文献。

1980 年被列为摩洛哥国家重点文物的舍拉废墟也是不容错过的地方。舍拉古城原为腓尼基、迦太基和古罗马帝国时代北非重要港口城市，与摩洛哥境内的沃吕比利斯古城和伯纳萨古城齐名，公元 5 世纪荒废。公元 12 世纪，马林王朝君主"黑苏丹"阿布·哈桑定都拉巴特城，并在古城遗址基础上圈定皇陵。据考，其本人及爱妃均葬于陵内。让人惋惜的是，舍拉古城也被里斯本大地震夷为废墟。如今遗址上古罗马时期的台地园、凯旋门、元老院、论坛、法院、公共浴池等建筑群落依稀可见，马林王朝时期修筑的外围城墙、清真寺宣礼塔、王妃墓碑和放生池等也基本保持了原貌，树木丛生的自然环境更是为无数个白鹳家族提供栖息之处。

我与拉巴特是有缘的，就像东野圭吾所说：生命中的全部偶然，其实都是命中注定。如果风景是要在行走中品味，遗迹在沉淀中吸收，山水在身临其境中体验，那么面对拉巴特这略带神秘的光景，我选择迟迟吾行，选择慢慢地体味。

菲斯城之经纬

非斯，摩洛哥最古老的皇城，来摩洛哥旅游必玩之地。纵横的街巷、别有风"味"的皮革染坊、技艺精湛的传统手工艺品……今天，我们就说一说非斯的前世今生，为您愉快的玩耍增加些谈资。

公元789年，伊斯兰教创始人穆罕默德的曾孙伊德里斯一世在非斯河右岸建城，公元808年伊德里斯二世在左岸建另一座城池，11世纪两部分合并成为首都。非斯 ساف 由 سأف 演变而来，有金色巨斧、鹤嘴锄等含义。关于名称由来有多种版本，有说伊德里斯一世当年主持该城破土奠基时，在面向麦加圣城的方向发现一把金色的巨斧，遂以此命名；也有一说是伊德里斯一世为城市奠基时使用的工具为"鹤嘴锄"。

非斯的发展与整个阿拉伯帝国的兴盛紧密相连。公元8世纪，阿拉伯人消灭了拜占廷帝国在非洲北部最后的驻军，占领从突尼斯直到摩洛哥的广袤土地。阿拉伯帝国使非洲的柏柏尔人皈依了伊斯兰教，并以他们为主力组成军队，跨越直布罗陀海峡远征西班牙，征服了西哥特王国，占领西班牙南部长达700多年之久。西班牙南部地区至今保留了大量阿拉伯风格的建筑，西班牙最受欢迎的旅游胜地很多都在此处。

非斯得益于其得天独厚的地理位置，成为几条贸易大通道的枢纽。一方面作为海上丝绸之路的最西端，来自中国的茶叶、丝绸、瓷器在此汇集，再被运往欧洲；另一方面欧洲和非洲之间的贸易往来以及撒哈拉沙漠以南各个城邦、部落间的贸易往来也都要经过非斯。非斯成为重要的商品集散地和贸易据点，南来北往的商人在此汇聚，一时繁盛至极。

当时的非斯城市化已经相当发达，人口十万余人，而那时欧洲规模最大的巴黎也不过区区5万人。今天，走在蜿蜒崎岖的小路上，不由得遥想当年这里的繁华。当时非斯非常重视城市基础设施建设，修建了网状下水道系统。目前非斯正在使用的排水系统也是后来的法国人在当时的基础上重新翻修的。

出乎大家意料的恐怕是世界第一所大学就诞生于此。非斯于公元859年修建了世界上第一所大学——卡拉维因大学，比欧洲大学早数百年。学生在这里除了学习伊斯兰教法外，也要学习天文、数学、物理。非斯围绕大学还建立了中学、小学一套完备的教育体系。学校的旁边还有大型的图书馆，当年藏书达几万册。

阿拉伯国家自身的天文学、物理学、医药学以及中国的造纸术、源自印度的阿拉伯数字等也是在那段时间传入欧洲，而非斯恰恰是主要通道之一。

多元文化的交融，给非斯带来了各种新技术，促进了金属冶炼、皮革行业的迅速发展，大家现在游览非斯时看到的制革、制鞋、银器、地毯等传统手工业均保留了当年的风貌。这些略显沧桑的物件，如果放在1000年前的话，其工艺之精湛就不禁令人惊叹了。可以说，中世纪的阿拉伯帝国代表了当时先进的文化与科技，与东方的中华文明遥相呼应。落后的欧洲苦苦追赶了几个世纪，直到大航海时代，才一跃成为先进生产力的代表。

久居摩洛哥，你会感受到当地人是如此以自己的历史和文化为荣。下次到访非斯的时候，不妨在游览时深深地吮吸一下这片土地上的历史气息。

神之属地——马拉喀什

在摩洛哥，每一座城市都有一种独特的气质。如果说拉巴特象征着皇权与威严，卡萨布兰卡象征着谍战与浪漫，舍夫沙万象征着梦幻与空灵，那么马拉喀什无疑象征着摩洛哥千年文明史的荣耀与辉煌。

从摩洛哥的首都拉巴特驱车一路向南，一种奇妙的变化将会在你身边呈现出来。蓝白的海天之色逐渐退去，取而代之的是当地柏柏尔民族喜爱的陶红、驼色、金色等沙漠色系，这种从大海到大漠的"短时穿越"，好像在一瞬间跨过了千山万水，也好像在一瞬间领略了人世沧桑。

然而，当你的脚步踏上马拉喀什的土地时，你会发觉之前的种种体验只能算是一道简单的"开胃前菜"罢了。在这里，浓烈而耀眼的棕红色会在一瞬间占据你大脑的每一个角落，巍峨的王宫和街角的咖啡馆在色彩上并无不同；在这里，你会感叹造物的神奇，时光的流逝并未让她显得苍老，反而让她在岁月的打磨中显得更加明艳动人。在这里，你会流连于每一条街道、每一所集市，萌生出一种想把自己融进去的冲动。如果一生只择一城而居，那么无疑，就应该考虑这里了。

作为四大皇城之一和通向广袤撒哈拉沙漠的门户，马拉喀什是最古老，也是最负盛名的摩洛哥古城之一。这座城市的名字源自柏柏尔语单词"murakush"，意为"神之属地"。在漫长的中世纪历史中，这里曾经是 3 个王朝的都城，象征着摩洛哥人征战四方、开疆拓土的勇武精神。在一场又一场的血战中，把马拉喀什这个名字深深地刻在了人们的脑海中。今天摩洛哥的英文国名 Morocco 和法文国名 Maroc 其实都是"马拉喀什"的衍生词。几十年前，在相当一部分阿拉伯人、波斯人和欧洲人口中，摩洛哥仍然习惯性地被称为"马拉喀什王国"。这座城市在摩洛哥历史上的影响力由此可窥一斑。

马拉喀什见证着时代的沧桑变化。1062 年，柏柏尔人建立的穆拉比特王朝正值盛时，控制着北至伊比利亚半岛，南至塞内加尔河的广大区域。当时的苏丹尤素福·本·塔什芬雄心勃勃地打下了马拉喀什的第一根木桩，期待这座华美的城市将王朝的繁荣兴盛传至永恒。然而仅仅过去了不到一百年时间，他的子孙就被来自南部阿特拉斯山区的穆瓦希德部族屠戮殆尽。

鸠占鹊巢的穆瓦希德人继续定都于此，享受着马拉喀什的富庶繁华，然而亦是好景不长，谢幕匆匆。

之后的两百年里，马拉喀什的主人换了又换，终于在萨阿德王朝的"金苏丹"手中焕发了新的生机。这位在北部"三王之战"中一举击溃葡萄牙人、扫平政敌，在南部攻陷马里帝国"黄金之城"廷巴图克的君主将马拉喀什当成了自己的最爱，为了她的美丽不惜一掷千金。来自欧洲的大理石、来自西非的象牙和黄金、来自印度的各色宝石和来自中国的无瑕美玉在无数摩洛哥匠人的巧手下变成了一座金碧辉煌、灿烂壮美的无双宫，无数的才子佳人、文人墨客齐聚马拉喀什，共同歌颂着苏丹的伟大与不朽。后来，阿拉维王朝的伊斯梅尔苏丹为了兴建自己在梅克内斯的宫殿，下令拆除无双宫的豪华装饰及珍贵木料，竟整整花了10年时间。这座宫殿当年的奢华铺张可想而知。

马拉喀什体现着文化的完美交融。1912 年，随着《非斯条约》的签订，摩洛哥沦为法国的"保护国"，国家的行政中心也向北迁移到了现在的首都拉巴特，马拉喀什的政治感召力已不复从前。与此同时，大量的欧洲人开始涌入马拉喀什，为这座城市带来了更多的新鲜血液。他们发现了这座城市无与伦比的美，开始用自己的方式去触摸她的历史，探索她的神韵，发掘她的潜力。

黑色皇城梅克内斯

梅克内斯是摩洛哥四大皇城之中最年轻的城市，现为摩洛哥第六大城市，人口 83 万。比起非斯和马拉喀什这两大皇城，梅克内斯显得低调许多，但是贵族没落也是贵族，梅克内斯也曾有"北非凡尔赛"的名号。

梅克内斯是 10 世纪由柏柏尔部落梅克内斯（Meknassas）建立的，而城市的名字即由部落名称而来，曾是穆拉比特王朝（Almoravides）的军事重镇。16 世纪，阿拉维王朝创始人伊斯梅尔因夺位时得不到非斯和马拉喀什贵族的支持而迁都于此，梅克内斯也就此进入了城市发展的鼎盛时期。

说到梅克内斯不得不提穆莱·伊斯梅尔，摩洛哥历史上最富传奇色彩、缔造了王国黄金时代的统治者。定都梅克内斯后，他听说法国国王路易十四建成了法国凡尔赛宫，遂决心一较高低，把梅克内斯变成北非的凡尔赛。于是他利用释放基督徒战俘所得的巨额赎金，开始了大兴土木，精心打造这座堪称北非最奢华大气的皇城，大手笔修建了包括王宫、花园、城门、清真寺等在内的众多建筑。伊斯梅尔苏丹对建筑学情有独钟，常常亲笔设计图纸。据称，梅克内斯王宫的石料主要来自于临近的罗马古城遗址沃吕比利斯或马拉喀什的巴迪皇宫。

伊斯梅尔苏丹理想中的北非凡尔赛，围有 40 千米长的城墙，27 座城门皆具有强大的防御功能，城内有 50 座带清真寺和浴室的宫殿，以及巨大的广场。为了实现苏丹的宏伟蓝图，50000 多名奴隶倾尽了一世血汗。但是，1775 年里斯本大地震震毁了大部分宫殿，梅克内斯顷刻间成为一片废墟。

传说中这位君主还非常爱马，王宫里养有 12000 匹骏马。他精心设计和建造了大型的马厩，并在旁边修建了规模宏大的粮仓，如今马厩和粮仓还完好地保存于城内。

作为梅克内斯的城标性建筑，曼苏尔门被誉为北非最雄伟的城门。它于1732年完工，是通向苏丹宫殿的主要入口。据说当年苏丹下令将此门作为给自己的丰功伟绩树碑立传的纪念碑来修建，极尽奢华之能事。今天的曼苏尔门依旧富丽堂皇，精致的马赛克镶嵌图案与变化多端的石纹雕刻清晰可见，大门两侧还保留着向外延伸出类似堡垒状的建筑，支撑石柱取自沃吕比利斯古城的大理石。

曼苏尔门前是梅克内斯老城著名的哈汀（Hedimd）广场。Hedimd原意是废墟，因为当年伊斯梅尔苏丹大兴土木时下令将此处用作堆放建材。广场原为举办庆典活动的场地，现在则更类似于马拉喀什的德吉玛广场。

广场上的贾麦宫（Dar Jamai）也值得一看。贾麦宫原是名门望族贾麦氏建于1882年的豪华官邸，内有一座清真寺和安达卢西亚风格花园，建筑精美堪称19世纪晚期摩洛哥宫殿典范。

北非魔都卡萨布兰卡

有一座城是因为一部经典的电影而被世界的人所知道，直到现在有很多的人想起那样的爱情那样的风景，还依然能重温它的魅力，这部电影就是《卡萨布兰卡》，也就是这座城市的名字。

卡萨布兰卡濒临大西洋，面积 386 平方千米，人口近 400 万，是摩洛哥的第一大城市，全国的经济中心，集中了全国 2/3 的现代工业和一半的金融活动，商业也十分繁荣，很多摩洛哥的年轻人都来这里闯荡打拼。

卡萨布兰卡的历史颇为悠久。公元前 6 世纪腓尼基人在此建立了一个小贸易站，将其命名为安法，意为"高地"。7 世纪时，伊斯兰教传入当地，城市规模不断扩大。15 世纪，港口曾被海盗用作避风港。葡萄牙以威胁航线安全为借口，派军队前来镇压，占领了这个地方。1775年里斯本大地震后，葡萄牙人放弃了这里，当时摩洛哥苏丹阿卜顿遂下令在安法城旧址兴建一座新城，并将其命名为达尔贝达，意为"白色的房子"。18 世纪末，西班牙殖民者将它译为西班牙语的卡萨布兰卡。19 世纪中叶，随着商贸活动的飞速发展，卡萨布兰卡迎来了前所未有的繁荣。尽管独立后，摩洛哥政府将城市名称改回达尔贝达，但由于"卡萨布兰卡"实在响亮，知道城市原名"达尔贝达"的人反倒不多了。

如今的卡萨布兰卡可以说是现代的美人，开放、恣肆，但传统的大树也根深蒂固。在里克咖啡馆你可以幻想亨弗莱·鲍嘉和英格丽·褒曼诠释的经典爱情桥段，但同时也可同塔吉锅来一次亲密接触。这里，摩式小三轮与大型 SUV 争道，讲着纯正的法语上流人士同讲着达利伽语的普通民众之间的距离仅一墙之隔；当港口某个高档酒店里名流和外国专家大谈如何同全球变暖作斗争时，一些工厂高耸的烟囱正向天空肆无忌惮地吐着浓浓黑烟……

你来吗？让我告诉你可以尽情感受卡萨布兰卡最别样的地方！

穆罕默德五世广场：欧洲殖民者的遗赠

穆罕默德五世广场始建于 1920 年。那时，众多欧洲人为躲避战乱逃至此地，也将当时欧洲的生活方式和审美习惯带到了卡萨布兰卡。当地富有的摩洛哥人十分向往"欧式"的现代文明。两种文明一拍即合，于是，后人便看到了以穆罕默德五世广场为代表的西式文明留下的丰富建筑。

站在广场向四周望去，可以看到许多欧洲 20 世纪初流行风格的西式建筑。广场中央矗立着法国人利奥泰将军的雕像。利奥泰是时任法国驻摩总督和殖民军司令。正是在他的指挥下，法军用坚船利炮迫使摩洛哥沦为其保护国，也正是在他的推动下，许多西式建筑在卡萨布兰卡落地生根。广场上也有很多阿拉伯－安达卢西亚风格的建筑。威严耸立的法式教堂和绿树掩映下的阿拉伯清真寺交相辉映，不同文化完美共存于广场之上。

哈桑二世清真寺：传统和时尚的完美融合

如果用一个词来形容卡萨布兰卡的哈桑二世清真寺，我觉得该用"精美宏大"。它是北非最大的清真寺，据说也是世界上现代化程度最高的清真寺。清真寺由一位非穆斯林的法国设计师设计，并于 1987 年 8 月正式动工。3 万多名工人和技术人员移沙填海、大兴土木、日夜奋战。据说共使用了混凝土 30 万立方米，钢材 4 万吨，大理石 6.5 万吨，且所有材料均来自世界各地，如祈祷大厅内的意大利吊灯，法国生产的钛合金大门，伊朗编织的毛绒地毯等。

清真寺的 1/3 建在海上。据说这缘于国王的一个梦，梦里国王曾接获安拉的真言："真主的宝座应建在水上"。同时也是以此纪念摩洛哥的阿拉伯人祖先自海上来。清真寺内通体宽阔，装饰精美，自然光与照明光交织出的光与影，给人以安静祥和的内心感觉。洁白的大理石墙壁精雕细琢，回廊玉柱美轮美奂。独具特色的装饰壁画、色彩斑斓的马赛克拼图、凸凹有致的雕刻线条、晶莹剔透的大理石地面、缝制精美的阿拉伯地毯，体现着伊斯兰建筑的优雅和奢华。清真寺祷告大厅面积2万平方米，能容纳25000名信徒同时祷告。清真寺主体大殿屋顶可以遥控开启闭合，25扇自动门全由钛合金铸成，可抗海水腐蚀。正门重35吨，开启正门不用钥匙，而是使用一组密码，否则就是撬也撬不开。大殿内的大理石地面常年供暖，冬季气温降低时，地板可以自动加热；夏季室内温度过高时，屋顶可以在5分钟内打开散热。清真寺前的庭院地面全部由大理石铺成，辅助建筑的建筑形态和装饰风格，也体现着阿拉伯和摩尔文化的精髓，传统和时尚的艺术元素在整个清真寺建筑中体现得尽善尽美。清真寺的宣礼塔高达200米，塔上安有两盏激光灯，光柱打向圣城麦加的方向，能够照到30千米以外。宣礼员可乘电梯直达塔顶，从这里传出的诵经声可以传到市内的每个角落。清真寺还配套建有经学院、图书馆、博物馆，文化气息十分浓郁。

哈桑二世清真寺向全世界的穆斯林敞开大门，只是在进入大殿之前，门卫都会让你背几段《古兰经》验明"正身"，否则门卫就一定会把你挡在门外。同时，清真寺也向各国游客开放，进入清真寺内的第一件事就是脱鞋，大门旁摆放着塑料袋，任何人都必须把鞋装好自己拎着才可以进入。

艾因·迪亚布（Ain Diab）海滩一线：欧美风情既视感

2011年建成的摩洛哥商城（Morocco Mall）位于卡萨布兰卡城西，大西洋岸边。从外观上看去，整个商城外形像一艘即将远航的巨轮。

商场占地 10 公顷，商品琳琅满目，同国内购物中心相比毫不逊色。商城有一层专卖奢侈品，汇聚了大量一线国际品牌。此外，还有巨幕（IMAX）电影院、滑冰场、音乐喷泉、水族馆、儿童游乐场等设施。置身其中，很难让人将面前的一切同一个发展中的伊斯兰国家联系起来。

驾车从商城往北开出几分钟就是卡萨布兰卡富人和欧洲游客最爱的 Ain Diab 海滩，也被游客称为迈阿密大道（因为大道尽头有家名为迈阿密的咖啡馆）。卡萨布兰卡海滨旅游业发达，每到旺季，来自世界各地的游客就会汇集于此。海滩配套设施较为齐全，还有各式餐厅和快餐店。海滩上有许多私人俱乐部，通常会叫某某海滩俱乐部，但实际上大多是人造大型露天游泳池，需要购买会员资格或者按日收费才能进入，一般都价格不菲，单次入场费在 200 迪拉姆至 500 迪拉姆，饮食酒水还需要单算。在一个人均国内生产总值（GDP）不到 3000 美元的国家，这里的高消费足以让大多数摩洛哥人望而却步。因此，这些俱乐部实际上是富人交际的理想场所。

除了这些，去里克咖啡馆等待一场浪漫的邂逅，去哈布斯城区欣赏一座座漂亮的拱门和高耸的清真寺，或是去老城区寻找卡萨布兰卡当年的影子，在这些流动的盛宴里，你都能找到符合自己的喜好。

丹吉尔——俯仰之间，我最喜欢你

中国人对摩洛哥的向往，多半是源于著名作家三毛脍炙人口的那句"如果想你一次，天上就掉一粒沙，那么我对你的思念就是整个撒哈拉"。黄沙漫漫，驼铃摇曳，遥想当年"长河落日圆"，商旅络绎不绝；抑或是源于经典电影《卡萨布兰卡》的刻骨铭心，"世上有那么多城镇，城镇有那么多酒馆，她却走进了我的"。

感慨于当地居民的匠心独运，有多少游客流连于卡萨布兰卡的白、舍夫沙万的蓝、非斯的黄、马拉喀什的红……似乎世间所有缤纷的色彩都赐给了这座"北非花园"，编织出一个迷梦，让人沉醉其中。但在这光影交错之间，我最爱的，是那丹吉尔的海风。

丹吉尔——摩洛哥一座最接近欧洲的城市，距西班牙塔里法只有半小时船程。作为摩洛哥的著名古城和重要海港，丹吉尔既扼守着地中海通向大西洋的直布罗陀海峡，又起着连接非洲大陆和欧亚大陆的跳板作用。在古代，丹吉尔见证了腓尼基人、柏柏尔人、汪达尔人、罗马人、拜占廷人、西哥特人、阿拉伯人创造的辉煌历史和灿烂文化；在近代，它也目睹了葡萄牙人、西班牙人、英国人、法国人带来的觥筹交错与风云变幻。

黄昏时分，最宜在丹吉尔的海滨大道漫步。夕阳西沉，海鸥们掠过洒满余晖的海面，远处的船只缓缓地回到码头。悠扬的清真寺宣礼声，连接着这座城市的前世与今生。

丹吉尔风景秀美，著名旅行家伊本·白图泰诞生于此。一方水土养一方人，或许正是因为丹吉尔得天独厚的地理环境和多元文化积淀，造就了当地居民温和开放、多元包容的情怀。西班牙的热情奔放、法国的浪漫多情、阿拉伯的古典矜持，在这座城市得到了最好的诠释。

丹吉尔的斯帕特尔角是游客们的热门景点。站在大西洋与地中海的分界碑旁，听碧浪拍岸，遥想摩洛哥的人文历史。两片海看似泾渭分明，割不断的却是多元文化的交融。摩洛哥，在阿语中叫作"马格里布"，

意为"西方，西部"。公元7世纪，阿拉伯人为传播伊斯兰教，开始了沿着地中海海边古道的西征运动。公元709年，穆萨·本·努赛尔率领阿拉伯大军攻卜丹吉尔。又经过数年，阿拉伯人在整个北非地区的统治得到稳固。公元711年，塔立格·本·齐亚德率领柏柏尔人组成的军队，越过直布罗陀海峡，进军伊比利亚半岛。之后的8个世纪里，阿拉伯人在西班牙创造了辉煌灿烂的文化。如今，硝烟早已成为历史的风尘，而多元的文化，却依旧闪耀在隽永的安达卢西亚彩诗与俚谣中，游走在乌德琴的琴弦上。

此刻，丹吉尔华灯初上，老城安宁祥和，新城现代却不浮躁。人文历史与自然风光并存，在繁华的现代都市生活中闹中取静，是一座有记忆、有温度的城市。

出国前，友人们得知我要去非洲留学，都是先皱一下眉头，然后送给我一个"祝你安好"的微笑。但是，谁说非洲大地没有浪漫？丹吉尔的诗情足以冲淡世人对非洲所有的刻板印象。"试问岭南应不好？却道，此心安处是吾乡。"在所有斗转星移的日子里，在俯仰之间，丹吉尔，我最喜欢你。

大西洋边上的文
艺小镇——艾西拉

艾西拉是一个民风淳朴，充满艺术气质的小城。建城于 15 世纪的艾西拉不是世界文化遗产，也不是摩洛哥的古老皇城，但因其老城内遍布的精美壁画与涂鸦而声名鹊起。

我们到达时小镇已在晨光中渐渐苏醒，我已迫不及待地想要去古镇寻找那些有趣的涂鸦。整个小镇的建筑主要以蓝白为主，偶尔还掺杂些许粉色和绿色，充满了幻想的色彩。漫步在小镇中，伴随着空气中咸咸的大西洋海水的味道，感受艾西拉独有的浪漫而干净的气息，似乎心情也会随着涂鸦的变换而惬意很多。穿行在老城的街道，几乎每条巷子每个转角都会碰到惊喜。即使是慢慢地步行，走遍小城也用不了多久。彩绘点染在门洞上或者小巷子的墙上，让安静得略显寂寥的小镇有了活泼的生趣。涂鸦内容随意又充满乐趣，有的时尚玩酷，有的鲜艳可爱。1978 年，两位本地的知名艺术家，与他们来自美国、日本等世界各地的 11 位朋友一起，在小城中各处墙壁上画满了彩绘。这些作品色彩鲜艳，艺术水平极高，吸引了大量的游客前来欣赏。狭窄的街道里，几乎家家户户的外墙上都画满了彩绘，彩绘与整个建筑巧妙结合，门窗都成了壁画的装饰。艾西拉也因此被誉为大西洋边的"艺术之城"，而从那时候开始艾西拉就一直吸引着大批的游客慕名而来。

这些老城内的壁画与涂鸦，已经成为一种艺术传统延续至今。每年8 月，艾西拉都会举办壁画节，各国壁画艺术家会齐聚此地，在老城里的墙壁上充分展示艺术的魅力。而在这之中，只有最好的才会被保留下来，但也仅限于保存一年，到下一年的壁画节来临时，又会被新的作品取代。所以，每年去的游客看到的壁画都是不一样的。也正是这样，使得这个寻找和发现壁画的过程成了游览这里的一个亮点。

艾西拉的大部分餐厅都有西班牙特色菜肴，提醒着人们这个小巧的城镇曾长期作为西班牙的领地。小城在大部分时间里宁静冷清，但夏天人口增至 3 倍，街道和海滩上满是晒太阳的摩洛哥和西班牙家庭。春秋两季是艾西拉最佳游览时间，这时天气依旧宜人，但成群的旅行者已经散去。老城以居民区为主，周围是葡萄牙人在 15 世纪用石头修建的坚固防御工事。城墙限制进入，老城西南侧的堡垒是看海景的最佳地点，也是落日时分的热门去处。

摩洛哥的每座城市都有自己的个性，不可复制。艾西拉，给了我不一样的摩洛哥印象。她是一座艺术之城、一座宁静之城，老城的涂鸦可能只出现在某段时间内来艾西拉游人的相片里。艾西拉，看似一幅画，听像一首歌，若是你到小城来，收获特别多。

可爱的小渔村——拉腊什

拉腊什是摩洛哥北部的一个小镇，相较于摩洛哥西部海岸线上知名度较高的丹吉尔、艾西拉、拉巴特、卡萨布兰卡和索维拉等，几乎不为人知，游客也少很多，在一年中的大部分时间都是懒散安逸的。唯有夏天一到，成群的摩洛哥游客涌向附近的拉塞梅尔海滩，小镇也随之迸发生机。

拉腊什的风景足以媲美相邻的北部城镇艾西拉，但是游客却少得多，而且相对清静。小镇没有太多观光景点，麦地那老城也不大，因为少了其他城市的商业模式，走在小镇中反而悠闲，可以更真实地体验当地风情，看到摩洛哥人最为真实的一面。

拉腊什在17世纪被西班牙人占领。在摩洛哥南部活动的海盗带动了小镇的发展，1911年这里成为西属领地的主要港口。受西班牙殖民影响，拉腊什的街道上保留了不少那个年代的西式建筑。老城附近有一片圆形广场，是当年西班牙人修建的"西班牙广场"。广场外围是碧绿挺拔的棕榈树掩映下的西班牙－摩尔式建筑，现在一层大多开起了室外咖啡馆，中央建有美丽的喷泉。这里是拉腊什的活动中心，小镇人喜欢在这里和朋友相聚，喝杯咖啡或薄荷茶放松一下，享受"看人"的乐趣。新城有一些宏伟的西班牙－摩尔式建筑，集中在自由广场周围，也建于殖民地时期。

西班牙广场东侧就是麦地那老城。老城蓝白色调，但很小，花不到一个小时便可以走完。城内主要是居民区，人口稠密，在过去的一个世纪里几乎毫无变化。老城中心是个带有柱廊的有顶市场，主要出售生鲜食品和家居用品，商品种类繁多，物美价廉，可谓小镇的购物天堂。穿梭在不同店铺之间，感受到的是当地人日常生活的点点滴滴。市场北侧是错综复杂的窄巷，通往萨阿德王朝堡垒。这座16世纪的欧洲风格堡垒虽然名列《摩洛哥国家纪念建筑及古迹名录》，现在却已破败不堪。堡垒矗立在老城边缘，建在更早的一片堡垒遗迹之上。从老城市场南侧走出有一片高台，可以俯瞰大西洋。这是小镇的热门景点，也是当地人喜爱的聚会及休闲锻炼地点。沿海修建的步道上还可以眺望河流入海口及小镇港口的风景。

沿 A1 公路，从拉腊什往北可以到达丹吉尔；往南则可到达拉巴特或卡萨布兰卡。如果只是逛逛麦地那、看看海景，半天的时间便足够，所以你完全可以把这里作为旅途中的休息站。值得一提的是，小镇的餐饮既便宜又令人愉悦。你可以选择在自由广场周围品尝西班牙特色菜肴，也可以选择去海边的咖啡厅，在二层选个极佳的角度欣赏大西洋的惊涛拍岸。但我最为推荐的是去老城港口附近的海鲜餐馆品尝小渔港最新鲜各色海味。

葡萄牙城——杰迪代

摩洛哥首都拉巴特以南 140 千米处的海滨城市杰迪代，每逢七八月，就会变成人头攒动的度假胜地，深受摩洛哥家庭的喜爱。对旅行者而言，还有一个非来不可的理由，那就是这里保留有葡萄牙人建造的古代要塞，城墙、堡垒、储水池等均完好无损，令人感叹不已而又回味无穷。

葡萄牙堡垒东边临海，四面城墙围绕，是葡萄牙人在北非建设的早期定居地之一，2004 年被联合国教科文组织列入《世界文化遗产名录》。1506 年，葡萄牙人为保护驶往西非海岸的船只建造了这个堡垒，并将它命名为马扎甘（MAZAGAN），堡垒堪称文艺复兴风格的军事建筑设计的典范，厚重的褐色城墙大致呈星形，保护着紧凑复杂的街道、引人注目的教堂（现已改造成酒店）和一个巨大的蓄水池。蓄水池建于 16 世纪初，位于主街上，内部的拱顶别具情调。阳光穿过池顶天窗将光束投射进去，拱门廊柱便倒映在水面上非常梦幻。1951 年的电影《奥赛罗》剧组就是选择这里拍摄了片中惊心动魄的骚乱场面。

杰迪代因其欧式古迹和摩洛哥本土文化的交融而闻名。中世纪要塞和漂亮绵长的沙滩交汇成这个安静整洁的海边小城。在法国人的精心打造下，杰迪代美丽更增，一跃成为海滨度假胜地，并凭借整理一新的沙滩和温和的气候变成了摩洛哥的海水疗养中心。如今走进杰迪代，城市面貌日新月异，许多现代化建筑拔地而起：美丽的沙滩、别具一格的别墅区，以及设施齐全的星级宾馆。近期开放的观光胜地 MAZAGAN 位于城北一片景色秀美的海滩上，包含高尔夫球场、水疗馆和大型度假酒店。此外，杰迪代渔产丰富，离摩洛哥著名的牡蛎养殖场瓦利迪亚很近，也是一个吃海鲜的好地方，老城对面的主街上便聚集着很多海鲜饭馆。

杰迪代还是摩洛哥一年一度的马术节举办地，至今举办了十多届，每年都吸引来自世界各地的众多马术爱好者相聚这里。马术节期间，不

仅有来自法国、西班牙等国及摩洛哥本土骑手为观众献上精彩的马术表演，还会举办摩洛哥传统马术节。在表演中，骑手身着当地传统服饰跨坐马上，排成一排后以同样的速度向前行进，在距离终点很近的地方手持老式火枪高举并一同向空中开枪。据了解，这种马术表演受历史战争以及沙漠骑士的启发和影响，如今则演变成一种展示人与马和谐共存的节庆文化艺术。根据马匹在伊斯兰教中的意义，大部分伊斯兰国家都有自己的传统马术表演。杰迪代马术节已经成为马格里布地区一项有影响力的文化和商业活动。

白色山城——得土安

得土安位于里夫山脉脚下，几千米之外就是地中海，地理位置极为优越，是个仿佛明珠一般的城市。得土安老城历经几个世纪，依然保持着之前的模样，于1997年被联合国教科文组织列入《世界文化遗产名录》。毗邻老城的现代化新城以白色为主，光洁明亮，西班牙风格建筑为城市增添了巨大的吸引力。得土安的外国游客相对较少，却更让城市多了一分真实感，游览价值也大大提升。

得土安富有安达卢西亚风情，活力十足，一点不像里夫山区的城市，也不像摩洛哥任何其他城市。从公元8世纪伊斯兰王朝统治时期起，它就是连接摩洛哥和西班牙安达卢西亚的主要通道。1913年西班牙再次占领后的西属领地囊括了摩洛哥北部的大部分地区，而得土安正是首府。因城市由遭西班牙人流放的安达卢西亚难民重建，故建筑艺术风格深受安达卢西亚的影响。也正因与安达卢西亚的长久羁绊，得土安集西班牙文化与摩尔文化于一身，这一特色在全摩洛哥可谓独一无二。

从拉巴特出发，一路伴随着来自大西洋的暴雨，我们到达得土安时，这座城市还未完全苏醒。城市经过雨水的冲刷，显得更加洁白清澈。这里既有摩尔人白壁绿顶的清真寺，也有带铁框窗棂和栏杆阳台的西班牙小楼。走街串巷间忽然有一种从现代穿越到中古世纪的感觉。

麦地那老城依山而建，错落有致，白色的房屋一层层地蔓延在山坡上。从皇宫广场东侧步行即可进入老城，漫步其中，如同进入一台真正的时光机。摩尔风格和安达卢西亚风格的建筑密密匝匝地拥挤在蜿蜒曲折的街巷里，完好地保存着几个世纪前的模样。老城街巷狭窄，清真寺密集，高矮不一的小楼统一刷着白墙，门则刷成蓝色或绿色，给人清新整洁的感觉。走入凉棚内的市场，两边皆是贩卖各种商品的小店。市场按商品分类布局分工明确，既井然有序，又人声鼎沸，传统生活的图景与声音无处不在。

走出麦地那，仿佛又穿梭到 20 世纪的西班牙。被称为"扩建区"的街区里，宽阔的林荫大道两旁的建筑物大都是白色的多层西式小楼，依然能看到当年西班牙人生活的痕迹，如西班牙总领馆、塞万提斯学院、巴克图里亚教堂、西班牙电影院等。今日的得土安保留着浓厚的西班牙—摩尔混搭风，而这恰恰是他多元文化融合历史的真实写照。

宏伟开阔的哈桑二世广场连接着老城与扩建区。出于安全原因，广场大部分被绳索隔开，身着不同颜色军服的士兵在皇宫门前站岗。四根矗立在广场周围的柱子，看起来有些神秘。这些柱子并非一些人猜测的宣礼塔，而是新艺术风格的照明灯塔，由西班牙建筑大师高迪的学生设计。广场对面墙上的大型装饰是抽象的"法蒂玛之手"，一个用来挡住"恶魔之眼"的通用符号，有驱恶辟邪之意。广场周围建筑也是西班牙风格，多为政府机构，其中市政府大楼上的自由铜像尤为夺目。一圈看下来，仿佛置身于某个西班牙城市之中。

旖旎的纳祖尔

纳祖尔（Nador）位于摩洛哥东北部，毗邻西班牙海外领地梅利利亚（Melilla），距离阿尔及利亚东部边境不足 80 千米。独特的地理位置使纳祖尔成为西非地区通往欧洲的移民通道，与西班牙的边境贸易也十分活跃。

这座小城人口约 12 万，居民大多讲阿拉伯语和西班牙语。纳祖尔历史上曾受到腓尼基、迦太基和罗马人的影响，后来阿拉伯文化占主导地位。19 世纪初被西班牙占领后，逐渐发展起米。多元文明使这里的建筑风格也不同于摩洛哥西部城市，鳞次栉比的民居色调明快，阿拉伯文化和欧洲风情相互交融，不禁令人想起前国王哈桑二世的一句名言：摩洛哥好比一棵大树，它的根深深扎在非洲的土地里，枝叶呼吸着来自欧洲的和风。

这是一座安静的海滨小城，城市依山而建，错落有致。海滨大道蜿蜒向前，落日余晖下，婆娑的椰枣树，习习的海风，游艺园里孩子们的朗朗笑声，一幅岁月静好的景象。

近年来这座名不见经传的小城却因其国际电影节而声名鹊起。2012 年"民主与和平纪念中心"创办了国际电影节，经过几年的运作，电影节的影响力日增。今年 10 月的第七届电影节以"非洲妇女的回忆"为

主题，来自欧、非和拉美地区近40部影片角逐长、短故事片和纪录片奖，同时举办影片展映、大师班、研讨会。西班牙前首相萨帕特罗出席开幕式，并与摩洛哥名人之后安查·哈塔比夫人（Aicha）一同被授予"民主与和平纪念奖"，一时间各路名人纷至沓来，小城好不热闹。

令人意想不到的是，静谧的纳祖尔竟是摩洛哥银行业的聚集地，负责处理大量海外摩洛哥侨民的外汇汇入。据统计，本地区的摩洛哥海外移民达140万，主要集中在荷兰、比利时和德国等国，大量的外汇汇入促进了当地银行业的兴旺。

纳祖尔旅游资源丰富，拥有地中海沿岸美丽的海滩，小城不远处即是骑卡（Mar Chica）潟湖，长达25千米的堤坝，阻隔了汹涌的海浪，碧水蓝天，波光粼粼。

每年夏季约50万侨民返乡度假，外国游客约10万人，其中以德国人居多。美中不足的是，当地酒店设施明显滞后，制约了旅游业的发展。近年来，纳祖尔正在积极开发海滨度假胜地项目，建造住宅区、酒店、体育和休闲设施于一体的度假生态园，但该项目投资巨大，要真正打造成"摩洛哥版尼斯海岸"恐尚需时日。我们也期待着纳祖尔越变越美，早日成为地中海南岸度假胜地。

朝圣之地——穆莱·伊德里斯

穆莱·伊德里斯镇坐落在两座苍翠的小山之间，距梅克内斯27千米，离古罗马城市遗址沃吕比利斯不到5千米。远远看去，白色的小镇覆盖了整个山头，四周山峦环抱，风景如画。小镇历史悠久，是摩洛哥最重要的朝圣之地。

小镇不大，居民仅1万多人，但却是摩洛哥穆斯林心目中的圣城，享有至高至尊的地位。摩洛哥第一个阿拉伯王朝的缔造者穆莱·伊德里斯苏丹的陵寝修建于此，小城也因此得名。由于穆莱·伊德里斯苏丹宗教地位尊贵，非穆斯林直到1912年之后才能进入小镇，而在镇上留宿则是到了2005年后才放开。禁入的规定在很大程度上保护了小镇原始宁静的生活。虽然现在小镇也因摩洛哥的旅游宣传得到了不少关注，但各种商铺还未进驻，外国游客尚未蜂拥而至，你仍然可以独自享受整个小镇的风光和宁静，体验小镇的独特魅力，将它作为一个放松身心的好去处。

先知穆罕默德的曾孙穆莱·伊德里斯建立了摩洛哥真正意义上的第一个阿拉伯王朝，不仅是国家的领导者，更是受穆斯林信众敬爱的圣人。公元785年，穆莱·伊德里斯在沙特阿拉伯的麦地那参加反对阿拔斯王朝哈里发的阿里党起义，遭到镇压后不得不逃亡到北非，最后来到了瓦利利——这就是圣城以前的名字。在这里，穆莱·伊德里斯重整旗鼓，他不仅得到穆斯林的支持，而且受到当地皈依伊斯兰教的柏柏尔人拥戴，被尊为"伊玛目"。公元788年，伊德里斯被柏柏尔部落酋长推举为苏丹，创建了伊德里斯王朝。据说王朝最初的都城设在古罗马城市沃吕比利斯。

公元793年，穆莱·伊德里斯去世，被安葬在瓦利利的小山头上，他的臣民和信徒们围着陵寝建起了城市，并用穆莱·伊德里斯的名字为小镇重新命名，这就是我们今天所看见的圣城穆莱·伊德里斯了。公元807年，伊德里斯二世将王朝都城迁往非斯，沃吕比利斯便逐渐被冷落下来，最后竟成了一座空城。但是距它不到3千米的圣城却始终一片兴旺，延续至今。

　　穆莱·伊德里斯陵寝位于小镇中心。每年 8 月，蜂拥而至的朝圣者几乎将这里淹没，因为摩洛哥人相信在节日期间前往圣城朝圣 5 次，相当于去了一次麦加朝觐。陵寝入口位于城中央广场上，进入一个拱形大门，周围是出售宗教小饰品的商店，非穆斯林不能超越内部的路障，但可以在大门口一游。广场上还有很多便宜的小食摊，烤肉是当地最出名的特色菜。

　　此外，小镇外还隐藏着一大一小两个观景平台，可以俯瞰穆莱·伊德里斯镇全景，也可以远眺绿顶的穆莱·伊德里斯陵寝。大观景台空间更大，在这里拍照能更好地捕捉小镇及周边的景色。不过，要自己找到这两个观景平台并不容易，需要时不时向当地人问道或直接找个向导。值得一提的是，在你寻找平台的路上，会看到一个绿瓷圆柱形建筑。这是建于 1939 年的宣礼塔，是小镇上最值得一看的建筑之一。

牵牛花城——沃吕比利斯

距摩洛哥古都梅克内斯 35 千米的旷野山坡上，耸立着摩洛哥境内保存最完好的考古遗迹——沃吕比利斯古罗马城市遗址。早在公元前 3 世纪的时候，沃吕比利斯已经是腓尼基 / 迦太基王国的一个居民点。公元 45 年，罗马人吞并了该地区。3 世纪时，柏柏尔人统治了这里，后来又被阿拉伯人征服。1755 年，古城在大地震中被夷为废墟。1997 年，沃吕比利斯成为联合国教科文组织世界遗产。

位于肥沃的梅克内斯平原上的沃吕比利斯，是当时著名的橄榄油生产地。古罗马人将它打造成北非的农业重镇，直至成为古罗马在非洲行省的首府。根据 20 世纪的考古挖掘成果，沃吕比利斯当时人口 2 万余人，占地约 40 公顷，城墙高 6 米，厚近 2 米，街区布局十分完整。城中最宏伟的建筑均建于公元 3 世纪前后，两条配有地下排水系统的主街道交汇于凯旋门前，将城市分为两部分：一部分是生活区，布满民居和小商铺；另一部分则是公共建筑区域，议政厅、神庙、广场、公共浴池、蓄水池等一应俱全。凯旋门面向大西洋方向，记录着恺撒大帝的卓越功绩，而丹吉尔门通向北方，显示出古罗马占领者的勃勃雄心与骄傲气势。古城的规模和完整是其最珍贵之处。

8 世纪，摩洛哥第一个阿拉伯王朝的缔造者穆莱·伊德里斯在这里建立圣殿，直至迁都非斯。此后，沃吕比利斯持续平稳发展。18 世纪，穆莱·伊斯梅尔在梅克内斯建造皇宫后，这座城市被抛弃。1755 年的里斯本大地震给古城带来了毁灭性打击。如今，遗址上一片废墟，仅仅残存了议政厅的石柱、凯旋门等建筑。

沃吕比利斯最值得一看还有保存完美的 300 多幅马赛克拼贴画。这些嵌于地面的拼贴画大多分布在生活区民宅的断壁残垣之间，内容往往是一些古罗马神话故事，房屋主人的身份也可以由此推测出一二。这些马赛克颗粒很小，尽管历经了上千年的风吹、日晒、雨淋、建筑物坍塌的毁损，其中一部分依旧颜色鲜艳、光彩夺目。

　　据说沃吕比利斯之所以有牵牛花城的称号，是因为应季时四周遍野开满牵牛花而得名。但是经过我们的特意寻找，鲜有几朵孤零零地开着。沃吕比利斯经历了罗马人占领、柏柏尔人统治、阿拉伯人征服，也许这些小花正是古城兴衰的真正见证。而我们，虽无法亲眼看见曾经的兴盛，却有幸在千年之后探寻岁月洗礼后的灿烂辉煌。

地中海网红小镇——舍夫沙万

早在来到摩洛哥前，在网络上搜索"摩洛哥"，必定出现的照片大多是：窄小的街巷、别致的房子，全被粉刷成各种蓝色，其中或点缀着明艳的盆花，或出现几只慵懒的小猫。浓郁的阿拉伯风情使人一见倾心，不由心生向往。查看照片出处，才知道这是摩洛哥小城"舍夫沙万"。

舍夫沙万优美地坐落在粗犷的里夫山脉下方，是摩洛哥最有魅力的城镇之一，粉刷成蓝色的山村散发着艺术气息，仿佛自成一个世界。如果没有蓝色，舍夫沙万也许是摩洛哥一个普通得不能再普通的山间小镇，其建筑本身比起摩洛哥的几大皇城来说要粗糙和平庸，稍欠精致。但因为有了一抹蓝色，舍夫沙万便充满了迷幻的色彩，摇身一变成了摩洛哥的网红景点，引得各国游客纷至沓来。

舍夫沙万拥有摩洛哥最迷人的老城之一，小巧却不拥挤，便于游览。既有足够多的蜿蜒小路供游人兴致勃勃地探索，又足够紧凑，不至于迷路。步入舍夫沙万的老城，任何人都会被迷住。红瓦屋顶，亮蓝色建筑和狭窄的街巷。大多数建筑都粉刷成耀眼的蓝白色，看起来干净清新，令人心旷神怡，就连夏日午后的炎热都仿佛在柔和的蓝色里收敛了光芒，让人的情绪立刻就安静下来。辗转于舍夫沙万的蜿蜒小巷，你仿佛置身于一个神秘的蓝色国度，目光所及之处尽是蓝色：深蓝、天蓝、浅蓝、粉蓝……各种蓝色在这里铺展蔓延。老城本身并不大，尽管这些巷子百转千回，却又殊途同归。你无须看地图，也不用做攻略，谷歌导航也不管用。信步走在老城的石板道上，每走一步都是另一种风情，每一次转弯都有柳暗花明般的惊喜。而这些看似复杂的街巷都会在繁忙的中心广场会合。广场绿树成荫，铺着卵石，是老城的中心。广场上聚集着咖啡馆和餐厅，一天游览结束之后，在这里点一壶薄荷茶小憩看着人来人往，感觉尤为惬意。经过修复的堡垒也在广场上，现在里面包含一个小型的博物馆和一个微型的艺术馆。稳坐舍夫沙万最上镜地点排名第一的，是老城里的一条著名阶梯。在这里，天是蓝的，地是蓝的，房子是蓝的，而墙上五颜六色的花盆成为其中最夺目的点缀，仿佛一幅以蓝色为主调、中间夹杂着各色装点的抽象画，每个来到山城的游客都会找到这里打卡留影。

至于舍夫沙万为什么被刷成蓝色，据网络搜索有两个主要传说：一个说法是当地人为了防治蚊虫；另一个说法是为了抵御侵略者，蓝天与蓝色房屋融为一体，让入侵者无法看清小镇的存在。不管如何，小镇居民自发地把门板、台阶、楼梯、窗台、花架、邮筒以及目之所及的地方都刷成蓝色，并一直延续至今，成为舍夫沙万独有的魅力所在，恰到好处地实现了舒适安逸与风土人情之间的平衡。

非洲的『小瑞士』——伊夫兰

　　当外国游客到老城感受"真正的"摩洛哥时，摩洛哥人则更喜欢游览伊夫兰。伊夫兰是摩洛哥阿特拉斯山脉中部的一个城市，位于古城非斯的南部，距非斯有 63 千米。整洁、有秩序、现代化，空气清新、街道整洁，让这座城市备受当地人和游客青睐。浓浓的欧洲风情和冬季白雪皑皑的景色以及滑雪项目让这个只有 13000 人的小镇获得了非洲"小瑞士"的称号。

　　在最早居住在这里的柏柏尔人的语言中，伊夫兰这个名字的意思是"山洞"。这里海拔高度 1650 米，有大片平滑的山坡，是冬季滑雪的好场地。即使在夏季，这里的气温也凉爽宜人。与北非给人留下的干燥、炎热的印象不同，伊夫兰小镇到处洋溢着勃勃生机。法国人在 20 世纪30 年代建造了伊夫兰，希望将这里打造成一个阿尔卑斯风格的度假胜地。简约的红色屋顶整齐划一，花坛里春意盎然，怡人的湖泊散落小城的各个角落，这些都与摩洛哥狭窄、迷宫般的街道和古老的土黄色建筑形成了鲜明的对比。夏季，这里是个郊游胜地，红顶矮楼掩映在绿树丛中，清新湿润的空气沁人肺腑，让人流连忘返；冬季，富人们聚在这里滑雪，而普通民众也会来这里扔雪球、滑冰车享受简单的快乐。

伊夫兰引人朝拜的地标是市中心街心花园草坪上的石狮。游客到此必会来与它合影。据当地人讲述，当年伊夫兰是战俘营，石狮雕像是第二次世界大战期间一个德国士兵雕刻的，并以此换取了自由。但也有人说这是用来纪念阿特拉斯山脉中最后一头被杀死的狮子。

摩洛哥人进入伊夫兰后，为其注入了自己的文化。他们扩大了城镇的规模，建造了清真寺、皇宫，并增添了其他的设施。在 20 世纪 90年代中期，著名的阿卡韦恩大学也建立于此。现在许多木屋因年久失修已被拆除，取而代之的是一些独栋公寓，不过仍有许多红色屋顶点缀着城市景观。

伊夫兰附近的自然风光比小镇景色更加吸引人。伊夫兰国家公园里的森林一直延伸到小镇郊区：雪松、橡树林、牧草地，这些看似不可能出现在这里的元素，实在是大自然对伊夫兰的馈赠。北部的湖泊也吸引着游人观光徒步。此外，你还能看到猕猴以及各种禽鸟在这里栖息生长。

伊夫兰是一座"花园城市"，它并不能代表古老的摩洛哥城镇，但它是摩洛哥最"欧洲化"的小镇。到伊夫兰的交通十分便利，零犯罪和清洁的环境也让伊夫兰成为临近城市富人的后花园。即使是一般的老百姓，他们也愿意在周末或者假期到伊夫兰旅游，体验与摩洛哥其他地方截然不同的环境，足不出国却可实现领略欧洲风情的愿望。小镇引以为荣的冬日雪景和凉爽夏天，使它全年成为当地人和国际游客向往的度假胜地，也是从撒哈拉沙漠归来的游客们理想的休息驿站。

行走阿特拉斯山间

如果你想在摩洛哥同时体验到壮丽的山地景观和壮阔的瀑布美景，向阿特拉斯山脉中部进发是最好的选择。阿特拉斯山是一道天然的屏障，将北部温和的地中海气候与南部炎热的撒哈拉气候隔离开来。这里肥沃的山谷里隐藏着板状岩层的群山、饱受风雨侵蚀的溪谷和雕塑般的峡谷，被当地柏柏尔人称为"群山之山"。

距首都拉巴特 226 千米，贝尼迈拉勒是摩洛哥的中部城市，在中阿特拉斯山山麓。这座城市是塔德莱平原的贸易中心，是摩洛哥增长最快的城市之一，也是摩洛哥富裕的农业中心。农业是该地区的主要经济产业，贝尼迈拉勒的历史可以追溯到 1688 年，这个城市最初被称为伊斯马利，伊德里斯二世穆莱·伊斯梅尔在城市的制高点建造了可以俯瞰全城的堡垒——阿瑟顿城堡，城中还有着摩洛哥罕见的山地花园景观——奥斯顿花园。尽管这里城市建设的现代化出人意料，但仍完好保留着山区小城的淳朴友善。

贝尼迈拉勒南面 25 千米的阿比德河上建有摩洛哥最大的本韦丹水库，在干燥的山区有着如此广阔的水面着实让人惊叹。绕过绵延的阿特拉斯山脉群山，湛蓝的湖面映入眼帘。晴空万里时，湖面和山谷倒映的翠绿色相映成趣，水面的颜色还随着天空的颜色而变化。宁静的湖面、鸟儿的轻鸣，顿时有一种逃离世俗喧嚣的感觉。

在贝尼迈拉勒的西南方、距马拉喀什 167 千米的地方，有一个远离城市热浪的清凉世界——橄榄树瀑布（Cascade d Ouzoud），这是旅行者和马拉喀什人最喜欢的一日游目的地。橄榄树瀑布不仅是摩洛哥最美丽的瀑布，也是非洲第二大瀑布。拥有大片干燥沙漠的摩洛哥境内竟然也有如此壮观的瀑布，让人不禁想要一探究竟。

瀑布因周围山上种满橄榄树而得名，（橄榄树在当地被叫作OUZOUD 树，附近的小镇也取名 OUZOUD）。宽 90 米，水从 110 米高的地方落下，形成 3 层瀑布，水花四溅，汇入阿比德峡谷，幸运的话还可以观赏到美丽壮观的彩虹横跨高空。橄榄树瀑布一年四季都奔腾不息，3月到6月河流水量增大的时候，瀑布流势更加凶猛，最为壮观。银白色水帘和峡谷中的红色岩石形成鲜明的色彩对比，令人叹为观止。

抵达瀑布所在村庄后，一路按照指示牌的引导，便可逐级而下，到达瀑底近距离观赏它的雄伟壮观。也可以付钱给当地人，他们会带你另辟蹊径进入峡谷，从不同角度欣赏瀑布之美。沿着这些橄榄树围绕的羊肠小道，越往峡谷深处走，你看到的景色就越漂亮，宛如置身世外桃源，倍感身心放松。据说在傍晚时分，谷底池塘的上方也经常会出现彩虹。夏天，马拉喀什地区的年轻人经常来瀑布对面的平台上露营，充分享受置身阿特拉斯山谷的时光。欧洲游客也将此誉为摩洛哥最美徒步地。

在阿特拉斯山脉里，不难找到猴子的影子。在瀑布附近你便能看到成群结队的猴子。从当地人手里买上一小包花生，就能吸引猴子上前合影。这些猴子见惯了游客，温顺还有些腼腆。有的友好地等待人们的喂食，有的无忧无虑地嬉戏、打闹，为瀑布增添了不少生机。

通往瀑布的小路两边，有一些咖啡馆和小餐馆，能提供简单摩餐和西式快餐。当地村镇还保持着相对原始的状态，在这里可以体验到深藏阿特拉斯山脉里的风土人情，更深一步地融入摩洛哥文化之中。

通往沙漠的大门——瓦尔扎扎特

瓦尔扎扎特是撒哈拉沙漠边缘的一座小城，也是摩洛哥土著柏柏尔人的最早家园。因为它是进入撒哈拉沙漠的必经之地，因此也被人们称作"沙漠之门"。

从马拉喀什出发，汽车一直在深邃的山谷和陡峭的山峰之间盘旋蜿蜒，穿越过阿特拉斯山脉，眼前尽是撒哈拉沙漠的原始生态时，即抵达瓦尔扎扎特。对于每一个长途跋涉、在漫长的山路上前行的旅行者来说，这座城镇就是一棵"稻草"，是名副其实的"沙漠中的绿洲"。

在大部分人的行程中，瓦尔扎扎特只是一个中途停留站。虽然小城看起来有些简单，但这个沙漠戈壁中的城市自有其自然、历史以及光影文化的无声积淀。

摩洛哥从来不缺少色彩，而属于瓦尔扎扎特的颜色，是当地伊斯兰建筑独有的焦糖色。这种早期柏柏尔人窑洞的色彩，在大漠之中与湛蓝的天空相映成趣。其实小城并非一个凭借风景取胜的地方，而是以它的发展智慧闻名。几百年来，来自阿特拉斯山脉、德拉河谷和达代斯谷的商人都会会聚于此谈生意、做买卖。20 世纪 20 年代，法国在这里建立了一个现代驻防城镇，维护自己的殖民利益。20 世纪 50 年代殖民者离开后，瓦尔扎扎特的电影业逐渐繁荣起来。这里独特的建筑风格以及干旱的荒漠地貌，吸引了很多好莱坞的导演和电影制作人。1983 年，"瓦莱坞"电影制片厂创办，随之诞生的是一大批在欧美导演心目中异国情调、风情万种的摄影棚，许多背景设置为古罗马和埃及的电影都是在这里拍摄完成。经过半个多世纪的发展，小城已成为摩洛哥著名的"横店"基地，甚至还开办了北非最好的电影学校。

自从现国王穆罕默德六世造访基地，并决定打通交通动脉以来，瓦尔扎扎特发展迅速，城里建起了许多高档酒店餐馆和货品齐全的超市，城外也新建了大批新式住宅。此外，因为小城一直是附近山区、沙漠和峡谷户外游的理想大本营，越来越多经营自行车游、摩托车游和骆驼游的旅行社选择在这里驻扎。

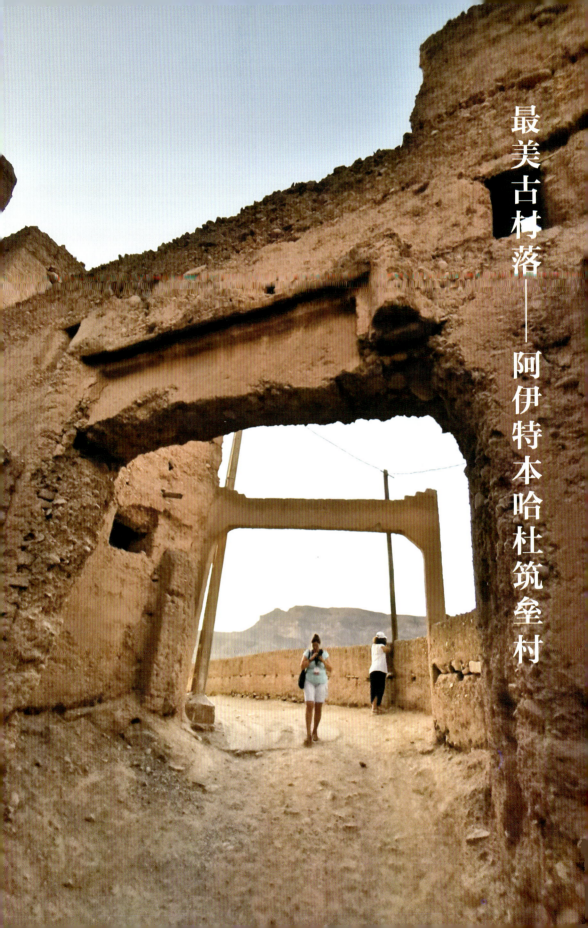

最美古村落——阿伊特本哈杜筑垒村

最燃、最火爆的春节档大片《红海行动》在朋友圈刷屏，热血沸腾的剧情让大家体验到何为家国情怀。荒漠戈壁、高山沟壑、酣畅激战、子弹横飞、追逐厮杀、突围爆破……一幕幕壮阔大气、令人血脉偾张的场景很多都取自有着"摩洛哥最美村落"之称的阿伊特本哈杜筑垒村。

这座背靠山峦的红土筑垒村于1987年被列入《世界文化遗产名录》。这里有着非常原始的、粗犷的美：站在小村对面的山坡上远远望去，一片荒漠之中，红色泥土搭建的房屋蔓延在高高隆起的山坡上，远近高低、错落有致，一座座紧密地挨在一起，像一面巨大的屏风。拱形的城门前长着高大的棕榈树，那是阿伊特本哈杜村少有的一点绿意。城墙上建有角楼，而后便是层层叠叠、依山而筑的民居，它们叠加而上，直到山顶的一座四方碉楼。自下而上，就像一座红褐色的大金字塔。

阿伊特本哈杜村是兴建于中世纪的乡村防御工事。它地处摩洛哥南部高耸的阿特拉斯群山之中，守卫着一条穿过撒哈拉沙漠的重要商业路线。经查，"筑垒村"的房屋是用石块和泥土夯筑起来的，是非洲最杰出的建筑风格之一，蕴含着柏柏尔人的智慧和匠心。这种防御性民居最大的特点就是易守难攻，为利于防御，村子的外围也以同样材料夯筑高墙、箭塔。当部落之间发生争斗时，有利于最大限度地保存己方实力。摩洛哥南部撒哈拉地区的居民聚居区几乎都是这样的筑垒村，而阿伊特本哈杜村就是其中的典范。

如今，阿伊特本哈杜村的高墙、箭塔、房屋依然保存完整，老百姓的日常生活形态几百年来似乎也没有多大改变。行走在村内的狭窄街巷，仿佛身处于红色古老的迷宫。村子中间一条石板路，从山脚一直延伸到半山腰。石板路的两边是买纪念品的摊位，仅有的几户居民在自家老屋里出售一些民族服饰、地毯和阿拉伯工艺品等当地特色商品，店铺门口还摆放着一些落满灰尘的旧物，如旧门闩、篮子、书包等。五颜六色的地毯、围巾搭配红褐色的房子，倒是别具风格，商品也还算琳琅满目，店主们默默地坐在门前。村里的其他人都去哪儿了呢？据说因为筑垒的维护成本太高，村民几乎全部搬去河对岸的新居了。也许就是出于这个缘故，古村内显得颇为安静。

沿着石板铺就的台阶拾级而上，穿行在这座历经沧桑的古村，眼前这些遗存的残墙断壁，让人充满想象，仿佛行走在一个与世隔绝的世界。顶着日晒一边欣赏两旁粗糙却别有风味的门庭，一边七拐八弯地爬上筑垒村的最高处，整个村庄尽收眼底，有种一览众山小的开阔感。驻足远眺，酷热的石漠里尽管偶或点缀着一星半点儿绿色，扑面而来的还是了无人烟的景象。俯瞰村前的小河，红色的泥浆水几近干涸，露出龟裂的黄土河床，游客们正通过连接古村与新居的桥梁进入村落。谁又能想到雨季来临时，泥沙淤积的窄小河床无法承受暴涨的河水，这条唯一的入村通道也会淹没于水中。

今天的都市人进入这座古村仿佛穿越回中世纪时代。古老的荒漠商道陷于沉寂，曾经的驼铃阵阵、昔日的商贾繁荣已成为历史的回响，唯有带着原生态的粗犷味道，在夕阳下述说着往日的辉煌。

撒哈拉之梦——梅尔祖卡

"当一个富有家庭拒绝接待一位可怜的妇女和她的儿子时，真主发怒了，把他们埋在了切比沙丘的黄沙之下。"有双子村之称的梅尔祖卡不乏各种这样的传说。

梅尔祖卡小镇因为拥有撒哈拉沙漠最高的切比沙丘（Erg Chebbi）而著名。世界上沙漠很多，但梅尔祖卡的撒哈拉是独一无二的。形态各异的沙丘会随着自然光线变化，展现出金色、粉色、紫色等多种色彩，成就了摩洛哥境内独特的大漠风光。许多一心一意要在摩洛哥体验撒哈拉沙漠的旅行者便是在梅尔祖卡如愿以偿。

切比沙丘的美丽，配以便利的交通，绝对会让人不虚此行。

前往撒哈拉的最后一个小镇和补给地是沙漠边缘的小镇伊尔富德。在这里我们换上越野吉普向50千米开外的梅尔祖卡进发。为了争取时间让游客们能够骑着骆驼欣赏大漠落日，司机把车开得飞快，在茫茫戈壁上扬起满天沙尘。从车窗望去，不远处浩荡起伏的金色沙丘在平坦、黑色的大漠戈壁上拔地而起。沙丘姿态万千，而且每日景象各异。望着这绚丽的景象，谁都会觉得这一路的奔波劳顿是值得的。

撒哈拉的日落是世界上最美的风景。斜阳洒下，映射在一望无际、连绵起伏的沙丘上，照不到的地方是褐色，照得到的地方是橘红色，远方还有些梦幻的金色。颜色随着太阳的光线不停变换着，沙丘从最初的金黄到美到极致的红色，映衬着或走或立或卧的骆驼，光影下的沙丘显得更加立体，色彩更加丰富，明亮对比更加强烈。撒哈拉不再荒凉寂寞，而是显得那么亲近平和。画面美得令人窒息！按动快门，这一刻的记忆将成为永恒。当太阳沉入地平线，天地逐渐连为一体，一切似乎又恢复了平静。

对于闯入撒哈拉的游客来说，在沙漠帐篷里过夜，参加篝火旁的音乐会以及欣赏满天繁星的夜晚，然后在第二天清晨爬上附近最高的沙丘欣赏日出，可以更好地领略沙漠超凡脱俗的美。沙漠深处的营地的主人

是祖祖辈辈属于撒哈拉的柏柏尔人。他们和善、友好又真诚，热情地招待远方的客人，想尽一切办法让远离尘世的沙漠生活显得更加五光十色。即便是深处沙漠，即便没有手机信号，没有无线局域网网络，可游客们似乎拥有了更多的消遣时光。主人尽己所能地提供丰盛的餐食、设施齐全的帐篷，组织沙漠篝火晚会。大家围着温暖的火光聚在一起，听着柏柏尔人用简单的乐器击鼓哼唱着朴素的曲调，内心在这一刻得到无比的满足和放松，仿佛穿越到了另一个时空。这样短暂、奇妙的夜晚，任谁也不愿意早早进入梦乡。

　　撒哈拉沙漠的日出和日落、星空一样，都是不能错过的风景。凌晨时分，我们就趁着夜色骑上骆驼出发了。随着天色慢慢变亮，眼前的沙海也逐渐显露出轮廓面貌。赶在日出前，我们爬上了高高的沙丘，而沙丘的另一边，其他的驼队也陆续汇聚过来。当地人牵着骆驼缓缓走过，清晨的沙漠就这样慢慢苏醒。一切仿佛被水洗过似的干净，天

非陆欧风
——
摩
洛
哥

空是碧蓝的，没有一丝云彩，温柔的沙丘一直延伸到视线所及的边缘。大家心满意足地在沙丘顶上坐下，安安静静地等待着。渐渐地，一轮红日从圆弧初露，到喷薄而出、光芒万丈。金灿灿的阳光洒下，和着微风，沙丘又开始慢慢地呈现不同的形态和光彩了，来不及拍下，便又是另一番景象了。

在梅尔祖卡公路旁的纪念品小店里贩卖着许多奇异的化石，似乎在提醒着人们亿万年前这里曾经是海洋，而海洋退去便成了这无边无际、纵深几千千米的大沙漠。梅尔祖卡只是广袤撒哈拉沙漠的一角，而对于撒哈拉沙漠，我们这些不远万里奔赴它的游人不过是匆匆过客，我们的足迹终究会随着风沙消散。

第四章

欧非桥梁得天独厚

经济大势知多少

北非谍影、卡萨布兰卡、撒哈拉沙漠、三毛与荷西的爱情故事，这是不少中国人过去耳熟能详的摩洛哥，而蓝色小镇舍夫沙万、红城马拉喀什则成了中国游客青睐的网红城市。

但在经济领域，您可能并不了解：摩洛哥建成了非洲第一条高铁，2018年11月通车，从丹吉尔到盖尼特拉，全长200千米，列车时速320千米，运送乘客将很快达到100万人。世界最大的光热电站－努奥项目二期和二期2018年在瓦尔扎扎特的沙漠建成，二期项目发电量共计500兆瓦。经过10多年的发展，摩洛哥汽车和航空工业从无到有，成为非洲第二大汽车生产国，欧洲和美国重要的航空工业发展伙伴及生产基地。面对如此傲娇的成绩，他的优势有哪些？潜力有多大呢？

地理位置造就桥梁优势

摩洛哥地处非洲西北端，扼守直布罗陀海峡，距离西班牙最短距离14千米，是连接欧洲、中东和非洲的枢纽，具有重要的战略位置。

摩洛哥皇家航空公司与欧洲32个城市、非洲34个城市和中东6个城市直航。2020年1月将开通卡萨布兰卡至北京的直航。摩洛哥基础设施比较完善，物流和运输体系在非洲名列前茅。政府尤其注重加强高速公路、铁路、机场、港口等基础设施建设。目前，高速公路通车里程约1800千米。10万人口以上的城市均已通高速公路。地中海和大西洋沿岸的港口吞吐能力较强，并在不断发展。丹吉尔地中海港经十多年发展，于2017年一跃成为非洲最大的集装箱港，2019年集装箱吞吐能力达到900万标箱。

政经稳定筑牢平台优势

政局和社会稳定是开展经济合作的基础。在西亚北非地区多个国家出现政局动荡或不稳定的情况下，摩洛哥政局长期稳定的优势非常明显。这里实行君主立宪制，国王享有很高的威望，民众对王权的认同度较高。经济基础较好，农业是传统产业，磷酸盐工业是国家传统的经济支柱，摩主要资源磷酸盐矿储量500多亿吨，居世界第一位，产量居世界第三位。出口、旅游和侨汇是主要的外汇来源。建筑、金融、保险等行业发展较快。近年来，电子、汽车、航空工业、外包业务等新兴产业加快发展，成为新的经济增长点。

2000—2007年摩洛哥经济增速为年均4.5%，通货膨胀率控制在2%以下，吸引外国投资总体保持上升趋势。2008年经济增长率下滑至3.9%。随后几年波动发展，低速增长，但总体保持稳定发展态势。2011—2018年摩经济平均增速为3.5%。2018年，摩国内生产总值约合1165亿美元，增长3%。

开放包容助力发展优势

摩洛哥经济开放程度较高，与欧盟、美国、土耳其等签订了自贸协定，自贸协定和优惠贸易安排涵盖56个国家，可辐射10亿人口的市场。摩洛哥法律体系比较完备，企业在经营中的法律意识和规则意识较强。近年来营商环境持续改善，世界银行《2018年全球营商环境报告》（*Doing Business* 2018）显示，其在全球190个经济体中排名第69位，在北非地区居首。

2014年，为了促进经济发展，摩洛哥提出了《2014—2020加速工业发展战略》，目标是到2020年工业产值占国内生产总值的比例从目前的14%增长到23%，创造50万个就业岗位。

近年来，摩洛哥抢抓新兴产业的发展，着力推动新能源、金融、汽车、航空、电子、信息等产业发展，培育新的经济增长点。2018年汽车产量40万辆，是非洲第二大汽车生产国，2018年摩汽车及零部件出口额达67亿美元，占出口总额的23.7%，是出口创汇第一大产业。摩计划将汽车产量在2025年提高到100万辆。摩洛哥新能源发展战略目标宏伟，目前新能源发电装机容量可达1712兆瓦，加上水力发电，可达3482兆瓦。政府目标是在2020年可再生能源电力的装机容量达到6000兆瓦，也就是总装机容量的42%，2030年达到52%。

摩洛哥对外国企业投资提供税收、行政便利等方面的优惠政策，特别是对入驻保税区的企业提供较多的便利，例如，前5年免缴公司税（税率为30%），之后连续20年按8.75%征收等。丹吉尔保税区的运作和管理较成功，目前已经有500多家企业入驻。

传统创新打造合作优势

摩洛哥与北非和中西非国家在宗教、文化方面有传统而深厚的联系。2017年1月，摩洛哥32年后重新加入非盟组织，反映了其顺应世界发展大势、关注非洲发展、融入非洲大家庭、开拓创新的战略思维。近年来，摩洛哥进一步推进其非洲战略，穆罕默德六世国王对科特迪瓦、几内亚、埃塞俄比亚、尼日利亚等多个非洲国家进行访问，并达成多项合作协议。2017年2月，摩正式申请加入西非国家经济共同体。2019年2月，摩政府批准了关于非洲大陆建立自贸区的协议。摩正着力全面深化对非合作。

摩洛哥在金融、基础设施、贸易、投资等领域加大对非投入，开展力所能及的援助，提升在非洲的影响力，并扩大务实合作，拓展更广大的战略腹地，已成为非洲大陆内部对非投资最多的国家之一。不少企业在非洲投资工业、金融，参与设施建设。阿提扎利瓦法银行、外贸银行等几家主要的银行除了在国内的业务外，已经在非洲和欧洲建立了较多的分支机构和网点。

中摩产能合作大有可为

作为经济发展水平较高的非洲国家，摩洛哥正在努力向新兴国家的行列迈进，有优势、有条件成为中国企业开拓非洲和欧洲市场的平台、进军欧美市场的桥梁。

摩洛哥虽地处非洲，但使用欧美标准，执法严格，市场规范，正在着力吸引外资，加快工业发展。摩洛哥希望外国企业在工业、新能源、农业、旅游等领域扩大投资，转让技术，创造就业，带动国家经济发展。

中摩两国领导人高度重视双边关系的发展。2017年，两国签署了共建"一带一路"谅解备忘录。摩洛哥对华经贸合作积极性不断提高，两国经济界交流日益密切，中国与摩洛哥开展产能合作正当其时，大有可为。

中摩两国领导人高度重视双边关系的发展。2016年，中摩两国建立战略伙伴关系。2017年两国签署共建"一带一路"谅解备忘录。摩对华经贸合作积极性不断提高，中摩两国工商界交流日益密切。2019年，中国对摩投资合作实现突破，5家企业在摩汽车零部件、线缆领域投资设立的现代化工厂陆续投产。中国与摩洛哥开展产能合作正当其时，大有可为。未来5—10年，一个立足摩洛哥、面向欧美和非洲的中高端产业合作平台将逐步形成。

北非花园的田园赞歌——绿色摩洛哥计划

峻峭的阿特拉斯山脉，使摩洛哥形成山阴、山阳截然不同的气候风光——地中海、大西洋给这个国家带来了丰富的水汽，所以山脉的西麓绿树成荫，赢得"烈日下的清凉国土"的美誉，山脉的东南麓则承受着来自撒哈拉沙漠热浪的侵袭，干旱少雨。

在这里人们靠山吃山、靠水吃水。农业在摩洛哥的国民经济和社会生活中占有重要的地位，2017 年农业产值占国民生产总值的 20%，农业从业人口超 400 万人，占全国就业人口的近一半。独特的地理位置和气候条件为摩洛哥农业种植的多样性提供了可能：这里是全球第三大柑橘出口国，每年柑橘的出口量达 42 万吨；这里橄榄产量丰富，橄榄油的产量和出口量更是位居世界第五；这里盛产被誉为"沙漠面包"的椰枣，产量排名世界第七位；这里种植的葡萄糖分高、果实大，是公认出产高品质葡萄酒的保证；这里北部有个叫作塞夫鲁的小城市，每年 6 月樱桃丰收之时，还要举办名为"樱桃皇后"的选美比赛……

然而，尽管部分农作物的产量突出，这个传统的农业国由于常年来靠天吃饭、地形气候差异大（东南部地区为热带沙漠气候）、农业机械化水平较低，国内粮食如小麦生产并不能达到自给，粮食进口依赖度仍较高，大量农民还处于贫困状态。

为了提高农业生产技术水平、发展现代化农业、消除农村贫困，摩洛哥政府于 2008 年推出了名为"绿色摩洛哥计划"的农业发展战略，旨在发展现代化、高附加值、满足市场需求的农业，通过在落后的农村地区建立农业合作社，增强农民抵御风险的能力，帮助小农户提高收入。

大力发展灌溉新技术

为了打破农业靠天吃饭的状态，摩洛哥政府大力推广灌溉新技术和投资蓄水大坝建设项目，截至目前，已为 54 万公顷的土地安装了灌溉系统，接近 90% 的小微型农业经营者由此受益，预计将在 2019 年覆盖至 61 万公顷的土地。摩洛哥降雨的年份和地区分布都很不均衡，水资源相对匮乏，2007 年更是由于旱灾导致小麦减产 76%，而灌溉新技术可以帮助农民在使用一半水资源的前提下实现产量增长 3 倍，并每年节省 16 亿立方米的水资源，实现了用更少的水生产更多粮食的目标。

提高农业机械化水平

由于农机工业基础较为薄弱，农民长期采取人工耕作的方式进行生产，对农地管理走粗放路线。但这种方式既不利于调动农民种植的积极性，也不利于提高生产效率。自"绿色摩洛哥计划"施行以来，摩洛哥政府实行农业贷款与奖励措施，以津贴补助、农机进口享受关税优惠等形式支持农户添购农机具，拖拉机使用率提高了 60%，从 2008 年每公顷 5 台拖拉机增加至现在的 9 台，农业机械的使用大幅提升了农田的产出，每单位产能提升了 44%。

与此同时，"绿色摩洛哥计划"加大了对农业基础设备及农产品加工领域的项目投资力度，大幅提高了农产品附加值，增强了农业出口能力，农民收入切实得到了提高。计划实施以来，政府大力推动建立高产出和高效益的集约化农业，推广规模化种养技术和食品加工制造技术，通过完善物流链条，提高香料、蔬菜、水果等生鲜产品的通关效率，保证当日即可出口至法国、西班牙等欧洲国家。2017 年农产品出口量翻了一番，出口额提升了 117%，共计 330 亿迪拉姆，农产品的贸易潜能得以进一步释放。

建立新型农业合作社

摩洛哥农村贫困者大多是小农户。因其家庭粮食和收入完全依靠自家小片农地，故生活具有极其不稳定性和脆弱性。穆罕默德六世国王在一次公开讲话中表示，要改善农村生活条件，提高农村就业率，打造一个以农村青年为中心的中产阶级农业。截至 2017 年年底，共在不同地区建立了 1779 个农业合作社，其中女性社员达 32126 名，近 118 万小农户从合作社受益，收入提高了 68%。位于阿特拉斯山脚下的一个以橄榄种植为主的小镇西迪·巴德哈吉（Sidi Badhaj）就是一个成功的范例。为了抵抗干旱带来的大幅减产，当地农业合作社与国际农业发展基金会合作，通过组建技术团队传授橄榄树修剪、病虫害预防、灌溉技术等专业知识，并提供农地现代化机械设备，实现了 3 年间橄榄每树产量由 20 千克增加至上百千克。农民收入提高了，生活稳定了，村里的年轻人也就愿意留下来务农了。

相信在不久的将来，摩洛哥有更多果蔬、橄榄油、葡萄酒等优质农产品能够端上中国家庭的餐桌，让更多的人品尝到来自遥远非洲的"土特产"。

了解摩洛哥工业巨头——摩洛哥磷酸盐公司

磷酸盐之于摩洛哥正如石油之于沙特阿拉伯。摩洛哥已探明磷酸盐储量为 500 亿吨，占全球储量的 71%，磷酸盐及衍生品总产量占全球市场约 31%。摩洛哥磷酸盐公司（OCP）作为该国磷酸盐资源的唯一总管，已成为世界最大的磷酸盐出口商和生产商，集团业务垄断国内磷化产业链各环节，30 家分公司及合资企业分布全球。

"百年老店"

早在 20 世纪初，一些法国地质学家就在摩洛哥勘测出磷酸盐矿层，但并未受到重视。当时，法国人已率先从突尼斯和阿尔及利亚开采出磷酸盐，源源不断地输送至地中海对岸。

1920 年，法国驻摩洛哥总司令赫伯特·利奥泰——这位将摩洛哥变为法国保护国的操盘手下令正式建立磷酸盐公司 OCP（Office chérifien des phosphates），开始大规模开采。他后来拒绝西方企业的私有化方案，力主将磷酸盐资源交由摩洛哥国家层面统一开发管理，这一模式沿袭至今。1921 年 7 月 21 日，OCP 在库利布加（Khouribga）矿区开采的首批磷酸盐通过卡萨布兰卡港口出口。仿佛是造物主的青睐，Khouribga 矿区储量大、品相优，关键距大西洋海岸线仅 150 千米，占尽资源出口的优势，很快让摩洛哥从地中海沿岸的竞争者中胜出。

1961 年 12 月，哈桑二世国王即位仅数月便下令创建摩洛哥化工公司（Maroc Chimie），由设立在萨菲的工厂负责将矿石加工为化肥等衍生品再出口，一举改变摩洛哥单纯依靠磷矿石出口的局面。如此注重为初级产品增加附加值的远见卓识，即便放在如今的非洲也依然可圈可点。到 1964 年，OCP 总产量已达到 1000 万吨。

1975 年公司更名为磷酸盐集团（OCP Groupe）。此后，OCP 着眼于业务扩展和产量提升，在朱尔夫莱斯费尔建立起磷酸和磷肥生产线。2008年，OCP集团成为股份制公司（OCP SA），摩洛哥国家控股95%，人民中央银行（Banque Centrale Populaire）占股5%。

如今，OCP掌管库利布加（Khouribga）、尤索菲亚（Youssoufia）、本格里（Benguerir）等四大矿区，拥有萨菲和朱尔夫莱斯费尔两大加工基地，员工近21000人。

国民经济"功臣"

磷酸盐工业几十年来都是摩洛哥经济支柱，为这个资源短缺的国度带来大量的财富。尤其是在工业化发展初期，磷酸盐为出口创汇和国民经济的发展立下汗马功劳，被称为哈桑二世统治的"黑匣子"。近年来，尽管被蓬勃发展的汽车行业抢去不少风头，但磷酸盐妥妥地仍是主要的出口产品之一。2018年磷酸盐及衍生品出口额约581.4亿迪拉姆，占全国出口总额的21.2%。

2006年，穆罕默德六世国王任命穆斯塔法·特拉布（Mostafa Terrab）为OCP新掌门人。13年过去，这位麻省理工的高级工程师带领OCP进入了投资扩张、技术革新和绿色转型新时代，其本人也入选2018年《青年非洲》杂志50位非洲最具影响力人物。

自2008年起，OCP开始实施大规模投资计划，加快"投资—增产—提高市场份额"的扩张之路，庞大的储量确实给了它不断提高产量的底气。

2008—2017年，公司完成第一阶段的投资共计750亿迪拉姆，带来产业链整体生产力的大幅增长，进一步巩固了磷酸盐集团的行业霸主地位。2017年，OCP三大类产品——磷矿石、磷酸和化肥的产量分别达到3280万吨、570万吨和860万吨，占全球市场份额分别达到37%、47%和22%。

2018—2027年，OCP将继续投资1000亿迪拉姆（约合88亿欧元），生产量翻一番，满足世界新增需求的50%。

根据战略发展规划，OCP拟于2025年前在朱尔夫莱斯费尔新建6个化肥工厂、一个运输管道连接本格里矿和萨菲生产基地。目前，非洲化肥公司（Africa Fertilizer Complex）、朱尔夫莱斯费尔2号（JFC2）和3号工厂（JFC3）已正式投产，在建的JFC4也于2018年内完工，OCP化肥年产量将达到1200万吨。

外交"精兵"

OCP尤其重视扩展非洲市场，这同穆罕默德六世国王的非洲外交战略完美契合。伴随国王的出访，OCP冲在外交一线攻城略池，同非洲国家签署大量投资合作协议，积极响应国王同非洲国家发展双边关系和合作的号召，成为摩洛哥外交打出的一副"好牌"。

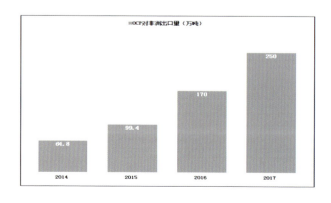

为了应对爆发式的人口增长，非洲急需发展农业来实现粮食的自给自足，巩固粮食安全。在非洲发展化肥产业，符合非洲各国和 OCP 的共同利益。OCP 一箭双雕，既服务于国家外交大局，又完成了在非洲战略扩张。

2016 年 2 月，在卡萨布兰卡金融城注册 OCP 非洲公司"OCP Africa"，计划下设 15 个国别分公司，全面布局非洲，发展非洲农业"生态系统"，涉及科特迪瓦、塞内加尔、喀麦隆、贝宁、刚果共和国、安哥拉、坦桑尼亚、赞比亚、津巴布韦、莫桑比克、肯尼亚、加纳和埃塞俄比亚等国家。

在非洲，OCP 逐步摆脱"卖化肥"的传统角色，重视生产、物流与分销：在埃塞俄比亚，OCP 拟投资 24 亿美元建设世界级生产基地，生产尿素和氨肥，预计 2022 年投产，年产量可达 250 万—380 万吨；在尼日利亚，OCP 与 DANGOTE 集团达成战略合作建设化肥基地，投资 25 亿美元。此外，还和尼日利亚化肥供销协会达成每年 100 万吨 NPK 复合肥的大单。

同时，OCP 在非洲推行产品多元化和灵活性战略，根据不同国家的土壤质地和农业活动需求，提供适应性更高的"个性化"化肥产品。

高科技与绿色之路

在砸下大量投资拓展国际市场的同时，OCP 也将战略重心瞄准科技与环保，促进化肥行业技术提升，为非洲发展绿色农业提供解决方案。

产品和研发是资源型企业追求可持续发展的必经之路。目前，国际知名跨国化工和制药企业研发人员占比普遍在 10%-15% 之间，OCP 这一数字仅为 0.8%。为此，OCP 正努力通过发展与国际同僚、科研机构的合作来"补短板"，提高产品种类和质量，提升技术创新能力。

OCP 尤为注重联合外资与本地高校开展"产学研"合作，着眼长远，提升技术"造血"能力，如与比利时 PRAYON 集团、国际肥料协会、穆罕默德五世综合理工大学、穆罕默德六世综合理工学校等开展技术合作项目。此外，OCP 也通过参股、合资和收购等方式同大量外资技术研发企业建立合作，进行研发和技术转移。

与此同时，OCP 加快数字化转型，在生产流程引入人工智能、大数据等，发展远程操控和智能控制，进一步提升产品性能，优化成本，提高收益。

持续的市场扩张、产品扩张与技术扩张正给 OCP 带来蓬勃生机，进一步夯实磷酸盐世界巨头的地位。近十年间，OCP 占世界化肥市场的份额从 11% 提升至 22%，有效化解这几年全球磷酸盐价格波动走低的冲击。

有一种观点认为，在怀抱资源的非洲做成一家大企业轻而易举：控制一国资源，垄断开发，而后坐享其成。但像 OCP 这样的企业数量其实并不多——掌握一国资源，凭借科学的管理、稳定的发展和前瞻性的战略在成为世界一流、业界顶尖的现代化企业之路上越走越远。不谋全局者，不可谋一隅，不谋一世者，并不可谋一时。摩洛哥和它的 OCP 对非洲国家资源管理这个课题而言不失为一个成功样板。

车轮上的摩洛哥

近年来，提升工业化水平已成为很多非洲国家的战略选择。在过去 8 年中，摩洛哥汽车行业发展迅猛，为本国工业化提质升级交上了一份亮眼的成绩单，也为非洲国家发展工业化、融入全球价值链提供了范例。

行业发展形势喜人

2018 年，摩洛哥生产汽车 40.2 万辆。全年汽车及零部件出口额 650.5 亿迪拉姆（约合 70 亿欧元），占出口总额的 24%，已连续第 5 年成为全国第一大出口行业。

随着越来越多的国际车企将目光投向非洲汽车制造业这块大蛋糕，摩洛哥借力谋划本国汽车工业发展的清晰路径：以国际大型汽车制造企业为龙头，带动配套零部件企业形成汽车产业链有机整体，协同发展。

1. 龙头企业引领

"雷诺－尼桑汽车项目"。目前，摩洛哥汽车产量绝大部分来自雷诺集团的两大工厂（卡萨布兰卡索马卡和丹吉尔雷诺工厂）。自 2016 年起，"雷诺"依托在摩洛哥工厂，带动配套零部件企业来此集聚，打造国际化零部件供给平台，以期到 2023 年，实现零部件销售额 20 亿欧元，本地化率达到 65%，新增 5 万个就业岗位。

2018 年，"雷诺"在摩洛哥汽车产量达 402150 辆（其中，丹吉尔工厂 318600 辆，卡萨工厂 83550 辆），89.2% 出口至全球 74 个国家和地区，其中，丹吉尔工厂出口率达到 94%。"雷诺"也是摩洛哥国内新车市场的最大赢家，份额高达 42.8%。在零部件平台建设方面，雷诺工厂本地化率达到 50.5%，创造 1.4 万个就业岗位，带来配套一线零部件供货商约 50 家，二线供货商 40 余家。

"标致－雪铁龙汽车项目"。2015 年 6 月，"标致－雪铁龙"和摩洛哥政府签署协议，拟在肯尼特拉大西洋保税区投资 60 亿迪拉姆建设工厂，预计 2019 年投产，工厂产能 20 万辆／年，本地化率达到 60%。

2. 配套产业集群化

随着两个项目的顺利推进，相关配套国际零配件企业来摩洛哥落户进入高潮。这些企业来自美国、日本、法国、西班牙、韩国和中国等世界各地，业务涉及各主要生产环节，集中落户于丹吉尔、肯尼特拉、卡萨布兰卡三地的保税区。产业多样化迅速发展，集群化逐渐形成。2017 年，摩洛哥汽车零部件销售额已突破 10 亿欧元。

多重优势助力汽车产业腾飞

摩洛哥具备发展汽车工业的基本条件：政局稳定，区位优越，基础设施完善，劳动力素质较高等。同时，政府的战略引领发挥了至关重要的作用。

1. 制定明晰发展战略

在"2014—2020 工业化加速战略"的大框架下，政府将汽车工业作为重点支柱产业进行打造。吸引大型跨国车企在摩洛哥投资设厂，给予政策优惠和便利，提出国产化目标要求，将摩洛哥打造为非洲的跨国车企生产和出口基地。其发展目标是到 2020 年，实现年产汽车 80 万辆，年营业额 100 亿欧元，创造 16 万个就业岗位，本地化率达到 80%。

在汽车行业中，零部件产业占汽车产业链价值的一半，"零部件强，则汽车工业强"。基于对这一行业规律的把握，政府进一步明确汽车行业发展路径：通过构建电缆、内饰、电池、冲压系统和动力系统等行业"生态系统"，打造汽车组装、零部件制造与全球供应三大平台。"生态系统"的思路在于：以大型跨国车企项目为龙头，集聚上下游配套行业，通过行业巨头带动中小企业技术提升，形成全产业链有机整体，提高车企本地化采购，降低生产成本，实现整个行业的全面、可持续发展。

2. 发挥比较优势

较之其他发展汽车战略的非洲国家，摩洛哥起步虽晚，但比较优势明显，"后来居上"势头强劲。一是对外资全面开放，同邻国阿尔及利亚相比，政府未对外资参股比例设限，能充分发挥外资活力；二是汽车行业具备一定工业基础，1959 年，摩洛哥成立国家汽车制造公司索马卡（后被"雷诺"收购，成为"雷诺"在摩洛哥的首家工厂），在此后20 年间，相继发展起一批本土和外资零部件企业；三是政局长期稳定，同北非较早承接欧洲汽车产能的突尼斯相比，政治稳定成为摩洛哥的金字招牌，也促使一部分企业近年来转而来摩洛哥设厂；四是地缘和区位优势明显，与尼日利亚、南非等南部非洲国家相比，摩洛哥临近欧洲和中东，拥有跨地中海—大西洋的海运能力和覆盖 55 国的自贸协定，联通国内和国际两大市场。可以说，发展汽车工业较完美的契合摩洛哥自身发展基础和优势。

3. 着力提升内生动力

政府不局限于发展组装，更追求对"摩洛哥制造"的打造和提升。一方面，政府对于"雷诺"和"标致"项目（包括配套零部件企业）限定了 65% 的本地化率要求。未来，这些实现了本地化的零部件企业，不仅可以产生利润、增加就业，更能提高摩洛哥零部件产品和技术的全球竞争力，扩大"摩洛哥制造"的影响力。

另一方面，为加快扶持本国零部件企业，政府鼓励中小企业与国际同行建立合资企业。2017年3月，老牌挡风玻璃厂商安多弗（Induver）与日本旭硝子玻璃成立合资公司；2018年2月，摩洛哥配件企业途优拓（Tuyauto）同西班牙海斯坦普（Gestamp）成立合资公司。

面临的挑战

尽管目前摩洛哥汽车行业的发展趋势蒸蒸日上，但是仍面临一些发展挑战。

1. 本土零部件品牌难进全球采购供应商行列

摩洛哥本土企业的数量和实力十分有限，目前仅有安多弗和途优拓等为数不多的企业成为"雷诺"一级供货商，其余大多数还在艰难转型升级，寻求跨国车企的认可。

2. 基础工业薄弱成为制约因素

摩洛哥自然资源禀赋较差，钢铁、橡胶等原材料工业发展底子薄，加之本国零配件制造水平较低，跨国零配件企业目前在摩洛哥较难采购原料配件，生产模式仍以进口原料加本地组装为主，本地化率的完全实现任重而道远。

从长远来看，摩洛哥也将面临很多"汽车代工国"必须解决的难题，即如何通过技术创新实现本国汽车产业升级，掌握核心科技，发展本土汽车自主品牌，而非永久充当发达国家制造基地的角色。

当前，摩洛哥汽车企业正处于成长发展期，在吸引外资方面连连报喜。汽车工业在国民经济中的地位不断加强，正成为支撑经济的主导产业之一。摩洛哥实现打造非洲汽车制造业大国这一宏伟目标或许只是时间问题。

「雷诺」汽车的摩洛哥神话

不知你是否注意到，穿梭于摩洛哥大街小巷的出租和私家车中，很多都是"雷诺"（Renault）以及其旗下中低端品牌达契亚（Dacia）的产品，如达斯特（Duster）、罗甘（Logan）、多克（Dokker）、桑德罗（Sandero）等。

再来看看摩洛哥最受欢迎的车型之一达斯特（Duster）：

2017年，"雷诺"在摩洛哥生意仍然火爆，以市场份额41.8%的绝对优势继续收取摩洛哥汽车销量榜首。在摩洛哥2017年十佳畅销车排行榜中一举拿下7席，其中达契业系列的罗甘（Logan）、桑德罗（Sandero）、多克（Dokker）、达斯特（Duster）、洛基（Lodgy）分列第1、3、4、6、8位，"雷诺"系列的克里奥（Clio）、甘果（Kangoo）分列第2、7位，剩下的3个名额被福特嘉年华（Fiesta）、尼桑逍客（Qashqai）和雪铁龙贝凌格（Berlingo）争得。

2017年，摩洛哥产"雷诺"汽车出口333189辆，其中"雷诺"丹吉尔工厂出口283667辆，占其产量的95%；卡萨布兰卡工厂出口49522辆，占其产量的66%。出口的主要目的地是法国本土、西班牙、意大利、土耳其和埃及。

在当今强手如云、竞争激烈的汽车市场上，尽管法摩两国的密切关系有助于其开发摩洛哥市场，但"雷诺"能在摩洛哥站稳脚跟，并将产品出口到各国也离不开合理的经营策略。

根据洛洛的观察和分析，"雷诺"在摩洛哥主要打好了以下"三张牌"：

第一张牌是"合胃口"。

摩洛哥公共交通不够发达，老百姓缺少有效的代步工具，但如果把较贵的"雷诺"欧洲本部车型直接拿到摩洛哥市场上销售，可能会使许多摩洛哥家庭望而却步。同时，在"雷诺"进入之初，摩洛哥尚无能垄断汽车市场的大品牌，因此"便宜"成为"雷诺"对摩洛哥汽车需求的重要定位之一。"雷诺"决定用收购的"达契亚"品牌在摩洛哥一试身手，该品牌此前在罗马尼亚和俄罗斯颇有市场。

定位清晰后，在摩洛哥的雷诺工厂就热火朝天开工啦。"雷诺"在摩洛哥有两家工厂：一家在卡萨布兰卡，另一家在丹吉尔。目前来看，两家工厂主要就是生产相对廉价的达契亚汽车。卡萨工厂历史更久，2005 年之前仅生产"雷诺"自己的车型，2005 年之后开始生产达契亚品牌车型。丹吉尔工厂自 2012 年启动以来一直生产达契亚品牌。经过多年耕耘，"雷诺"通过价格较低、操作简单、保养便宜、质量可靠的达契亚汽车，逐渐获得包括摩洛哥在内的发展中国家及欧洲中低收入家庭的青睐。

第二张牌是"本土化"。

主要包括两方面：首先是大量雇用当地工人。当地工人有一定技能，工资远低于欧洲，据摩媒报道每月工资仅 250 欧元（不到 1900元）。因此"雷诺"既可保证汽车制造的低成本，也通过大量雇用当地工人，解决就业获得摩政府的好感。以"雷诺"丹吉尔工厂为例。摩洛哥"雷诺"总监 Marc Nassif 宣传说该厂目前有 8600 名工人，100%为摩洛哥籍。

其次，"雷诺"注重同当地企业进行合作，通过同本地供货商之间的合作，培育出了一条依附于"雷诺"工厂而存在的生态产业链。"雷诺"丹吉尔工厂附近即衍生了汽车城，活跃着一批生产"雷诺"汽车配件以及提供后勤支持的企业。目前每台出厂的达契亚车有50%的部件在摩洛哥就地取材。"雷诺"同摩政府已签订协议，到2023年丹吉尔工厂本地供率可能会达到80%。本土化大大提高摩洛哥民众对"雷诺"汽车的认同度。摩政府更是打出了达契亚汽车"Made in Morocco"的旗号，俨然将达契亚汽车看作摩洛哥的骄傲。

第三张牌是"绿色友好"。

"雷诺"十分在意生产废料的循环利用。据媒体称，废料的循环利用率达到98%。丹吉尔工厂每年会产生约6万吨钢铁废脚料。这些废脚料经过简单压制后，由"雷诺"合作伙伴法国苏伊士环境集团收购循环利用。生产的废塑料也会经过打碎后卖给当地经销商来制作汽车的保险杠，废油卖给当地水泥厂做燃料用。在能源使用方面，"雷诺"努力在丹吉尔打造环保样板工厂。"雷诺"其他工厂生产所需能源大多是天然气，而丹吉尔工厂则全部利用附近风力发电厂提供的风能，以及橄榄油饼渣、摩洛哥坚果壳燃烧提供的生物能。

"绿色友好"牌塑造了"雷诺"负责任的企业形象，进一步提高了当地企业和民众的认可度，也通过降低能耗和循环利用有效控制企业生产成本。例如，正常情况下生产一台汽车需要消耗两立方米的水，而丹吉尔工厂做到了耗水量减半，在摩洛哥这样一个用水相对紧张的国家自然是一举两得。

好了，说了那么多，就是希望通过介绍"雷诺"汽车在摩洛哥市场发展，能为有意来摩投资兴业的中国企业提供一定帮助。随着中国"一带一路"倡议的不断推进，相信会有越来越多的中国企业来摩投资兴业，两国之间的互动也会愈加频繁。

摩洛哥迎来出行新方式——高铁

摩洛哥又火了，这次是因为非洲大陆第一条高铁。

11月15日，摩洛哥国王穆罕默德六世与法国总统马克龙在摩北部城市丹吉尔共同出席了盛大隆重的非洲首条高铁线路——摩洛哥丹卡高铁的开通仪式，并乘坐了首班列车。据悉，11月23日高铁将正式开始售票，26日正式运行（前3天免费），29日开始收费运行。

丹卡高铁连接了摩洛哥两个重要的经济中心城市丹吉尔和卡萨布兰卡（Casablanca）。

俗话说："罗马不是一天建成的"，在地质和气候条件不太优越的地区建高铁，也不是件容易的事。早在10多年前的2007年，摩洛哥国王就与法国时任总统萨科齐做出了建设这条高铁的决定。原计划2015年竣工，后来因土地征用等方面的问题延缓了工期。同年，法国时任总统奥朗德专程访摩视察项目进展，可见双方对这条交通大动脉的重视。

丹卡高铁全程约350千米，从丹吉尔至肯尼特拉（Kenitra）段时速可达320千米/小时，之后的路段为常规时速，约160千米/小时。将丹吉尔与卡萨的时间距离由5小时大大缩短至2小时。

目前，法国阿尔斯通公司提供的双层12节车厢的列车，可单次运送旅客533人。摩洛哥国家铁路局（ONCF）预计，经过3年运营，丹卡高铁将运送乘客600万人。

想想看，如此意义重大、耗时持久的项目，一定是斥巨资打造。令人意想不到的是，丹卡高铁竟"物美价廉"，造价位列"世界最低之一"。项目总投入约20亿欧元，虽然比最初预期的多了15%，但由于当地劳动力价格较低，每千米造价不到900万欧元，比欧洲高铁每千米1500万至2000万欧元的平均价格远远低得多。建造丹卡高铁，摩洛哥的好朋友们可谓鼎力相助，法国转型国家储备金（6.25亿欧元）和法国开发署（3亿欧元）提供了全资的51%，沙特提供了1.44亿欧元，科威特提供了1亿欧元，阿联酋提供了7000万欧元，阿拉伯发展基金提供了8600万欧元。摩洛哥方面总共投入6.73亿欧元，其中政府提供了4.17亿欧元，哈桑二世基金提供了0.87亿欧元，国家铁路公司则发起了4.35亿欧元债券贷款。

丹卡高铁只是摩洛哥发展高铁的宏伟计划第一步，它的目标是到2030年实现全国建成高铁线路1500千米。丹卡高铁现有4个专用高铁站：丹吉尔、肯尼特拉、拉巴特－阿格达尔（Rabat-Agdal）和卡萨布兰卡－旅行者（Casablanca-Voyageurs）。其中，始发站丹吉尔车站已全部完成翻新，占地10500平方米；第二站肯尼特拉站占地14000平方米。第三站拉巴特－阿格达尔火车站将是摩洛哥和非洲大陆规模最大的火车站，占地22000平方米；最后一站卡萨布兰卡－旅行者站，完全按照国际标准设计，有5个站台，4条专用高速线路，占地20000平方米。

摩洛哥大家族的故事

位于北非的摩洛哥是一个君主立宪制国家，掌握实权的国王陛下是国家的领路人。在他的周围，簇拥着一批各领域的精英，而这些精英们中的大多数都来自这个国家声名显赫的古老家族。现在就让我带领大家一起穿越时空，一探这些大家族的兴衰起落吧。

从最初的起源看，现在的摩洛哥精英们主要属于历史上以下3个群体的后裔：谢里夫、乌理玛和大商贾。

谢里夫

谢里夫应该是出现最早的精英群体了。故事开始于公元7世纪，阿拉伯人为传播伊斯兰教进行领土扩张，蔓延至摩洛哥，当地的土著柏柏尔人在短期内皈依了伊斯兰教，摩洛哥开始了阿拉伯化和伊斯兰化的进程。在这里，重点要解释一下何为谢里夫了。谢里夫是伊斯兰教先知穆罕默德的后代，血统高贵，堪称贵族中的贵族，是所有人崇敬的对象。一些常见的称谓，如"西迪"（Sidi）、"穆莱"（Moulay）、"老爷"（Seigneur）、"领袖"（Maître）等，可是只有谢里夫才能担当呢。在人们眼里，他们是幸运的化身，走到哪里，就会给哪里的人们带来好运。

公元778年，伊斯兰教首领伊德里斯建立了摩洛哥历史上第一个阿拉伯王朝伊德里斯王朝。当时，摩洛哥已进入农业封建社会，经济、文化高度发展，手工业和商业兴起，伊德里斯一世建立了最早的阿拉伯城市——非斯。约 20 年后，其子伊德里斯二世继位，非斯成为王国的首都。非斯的宏伟和繁荣吸引了大批来自周边的阿拉伯人和犹太人到此定居，其中就包括原生活在安达卢西亚地区，后被西班牙天主教国王驱逐的侯赛因谢里夫家族斯加利（Skalli）、起源于美索不达米亚平原的贵族氏族伊拉吉（Irakis）和拉哈吉（Laraki）等大家族。

在摩洛哥，除伊德里斯王朝外，起源南部德拉山谷的萨阿德王朝（1520-1660 年）及现在掌权的阿拉维王朝（1660 年至今）皆为谢里夫王朝。

乌里玛

让我们再次把目光转移到古城非斯。作为摩洛哥四大皇城之一，非斯可不是浪得虚名。在 20 世纪前，这里可是摩洛哥历朝历代的首都，此外，她还享有"摩洛哥文明之都"和"学术之都"的盛名。许多学者、科学家、研究者、伊斯兰教的教法家等会集此地。12 世纪初，乌里玛开始出现，他们是伊斯兰教界的高知学者和伊斯兰传统的权威人士，最初大多数是非斯伊斯兰大学的教师。"非斯制造"的乌里玛中泰斗级的存在无疑就是法西家族(Fassi)，法西这个名字即源于阿拉伯语"非斯的"之意。其他知名乌里玛家族还有本素达（Bensouda）、格努（Guennoun）、卡迪里（Kadiri）、麦尼西斯（Mernissis）、拜勒海亚（Belkhayat）等。

大商贾

这是国王拥趸中数量最多的群体。15 世纪，在收复失地运动中被驱逐出伊比利亚半岛的安达卢西亚人大批涌入并驻扎在摩洛哥北部非斯、梅克内斯、萨累、得土安等地。他们深谙经商之道，16 世纪在国际贸易的发展中迅速积累资本并树立威望。他们有的向欧洲出口皮革和地毯，进口纺织品和工业产品；有的经营中国、印度、波斯市场，还有的专门从事和非洲的贸易往来。

随着时间的推移，大家族之间的界限开始慢慢变得模糊，氏族的精神通过不断的通婚加强着。不过值得注意的是，他们有属于自己阶层的圈子，为保证"血统纯正"，和大众阶层的平民结婚是非常罕见的。所以在摩洛哥，精英的世界始终是一个比较封闭的世界，在这个紧密的社会群体里，几乎所有人都相互认识，不管关系好坏，这就是一种现象的存在。也许他们曾一起长大，在一所学校读书，一起分享生日的下午茶……

那么平民就没有进阶之路了吗？当然不是。有一种可能是和王位继承人出生在同一年份，并进入培养未来精英的摇篮——皇家中学。这可不是开玩笑，这所神奇的学校当真成就了不少平民出身的大人物，如国王顾问希玛（Ali El Himma）、情报局局长曼苏里（Yassine Mansouri）等。

摩洛哥大家族之非斯『大宅门』

对于非斯的盛誉美名、底蕴智慧，想必朋友们早已了然于胸，单凭能与这座承载着国家过去和现在的千年古城齐名，就足以让人们对或产自非斯、或发迹于非斯的各大"宅门"另眼相看，他们基本可分为三类：

以伊德里斯（Idrissi）为主的先知后代谢里夫一支，依靠血脉相承的地位，不但享有特权，还可以不受限制地获取财富，真正的"光环在手，天下我有"，但他们也为社区发展做出了重要贡献。

在收复失地运动中被驱逐而来到摩洛哥的安达卢西亚一支，他们社会地位上升的秘诀是学识和贸易。他们当中的很多人在世界上最古老的大学卡拉维因大学（University of Al-Karaouine）从事教士（师）的行业，本素达（Bensouda）、贝尔哈吉（Belhaj）等家族更是在大约1600年至1900年长达3个世纪的时间里一直保持着知识分子的身份。像塔兹（Tazi）、本尼斯（Bennis）和当今首富本杰伦（Benjelloun）的先祖则是通过经营朝圣车队发迹。

15世纪改宗到穆斯林的犹太人一支，经历坎坷，饱受歧视和敌意，最终倔强骄傲地为自己在国际谈判和商业领域赢得了一席之地。

如此，阿拉伯人的高贵、安达卢西亚人的精细、犹太人的机敏坚韧成功奠定了非斯"大宅门"精英族类常青树的基础。

中世纪与近代的分割线

时光如白驹过隙，非斯各"大宅门"渐渐随着融合、联盟走向了掌管国家机构和经商两个方向。

19世纪初，欧洲工业革命发展的需要促使其开始了对非洲的争夺。大西洋航道开辟后，摩洛哥成为欧洲殖民者向地区扩张的必经之地，卡萨布兰卡吸引了后者的注意力并逐渐发展起了港口行业。此外，1830年，阿尔及利亚被法国占领，切断了非斯向东的出口。在这一背景下，许多"大宅门"的成员纷纷离开非斯，来到成为王国经济首都的卡萨定居。

卡萨城市化最大的受益者之一毫无疑问是哈桑·本杰伦（Hassan Benjelloun）。他于 1880 年来到卡萨，是一位粮食商人和航海公司的代理商，富有远见的他预感到了卡萨未来的发展前景，大量投资土地和房产。直到今天，他的后人们依然从中获取定期租金收益，其中最著名的非奥特曼·本杰伦（Othmane Benjelloun）莫属了。

非斯"大宅门"对国家的"掌控"选择了技术专家体制（technostructure）的道路。为了反抗法国殖民者的统治，20 世纪 20 年代，摩洛哥民族主义运动兴起，要求复兴伊斯兰教的呼声高涨。直至 1930 年，摩洛哥只有两所穆斯林中学（非斯的穆莱·伊德里斯中学和卡萨的穆莱·优素福中学），并只从穆斯林研究证书持有者中招生，而这一证书的颁发权大部分掌握在近水楼台的非斯"大宅门"的后人手中，在一定程度上巩固了其对这一体制的领导。

另一方面，得益于先天优势，非斯"大宅门"的后代往往在各大城市最好的学校就读。很自然地，这些受过教育的年轻人成为民族解放运动的先锋。无论依旧扎根在非斯城的法西和本什库纳家族，还是迁移至拉巴特的杰里达和杰迪家族，以及卡萨的塞卜地·布塔赖伯和雅古比家族，他们共同支持建立在伊斯兰和阿拉伯化基础上的民族主义，认为这是重新获得身份的象征。他们呼吁争取摩洛哥人与法国人的平等地位，得到了群众支持，具有广泛影响，摩洛哥第一个政党"独立党"应运而生，并选择支持穆罕默德五世为苏丹（国家独立后称国王）的君主制。国家独立的第二天，这些家族们就开始受益，特别是费拉里、拉姆哈尼、凯塔尼、阿拉米家族等。

独立党在民族解放运动中发挥的历史作用也大大鼓舞了这些大的资产阶级家族，他们继续把孩子送到最好的高中学习，然后再到法国的高等学校深造，获得矿产、桥梁、道路、综合工科等专业学位，进入高级管理、银行、工业或贸易等经济的战略领域，并顺理成章地逐渐占据了高层的位置。

非斯"大宅门"的势力在经济和政治力量的紧密交错中得到加强。哈桑二世国王最主要的顾问阿赫迈德·盖迪拉极其倚重这些政治中立和高学历的显贵，技术专家们也逐渐涉足政治领域，法西、塔兹、本纳尼、本苏达等家族甚至几乎成为终身的部长，长期接受锻炼和塑造。

直至20世纪80年代，在国家精英多样化的倡导下，非斯"大宅门"一枝独秀的局面才逐渐被打破，只保留了今天银行和金融业头把交椅的位置，中南部苏斯地区的势力慢慢强大起来。

摩洛哥大家族的上升之星

今天的主角是摩洛哥中南部苏斯（Souss）地区的名门望族。时间回溯至20世纪60年代，苏斯地区的商人控制了地方商贸和工业协会联盟，迎来了终结非斯"大宅门"在业界独霸天下局面的高光时刻。这一时期，涌现了一批诸如米路德·查比（Miloud Chaabi）、阿齐兹·阿赫努什（Aziz Akhannouch）等富商。20世纪80年代，出于巩固王权和稳定政局的考虑，哈桑二世国王鼓励精英多元化，也促进了苏斯地区家族的崛起。那时曾有一家研究机构预言，20年后苏斯地区家族拥有的资本将超过非斯的"大宅门"。虽然这没有完全得以实现，但也足以证明前者的实力。

在古老到无法追忆的年代，苏斯人便已十分懂得经商之道，代代相传。他们和起源非斯的大家族在创新精神、风险预估和地域流动上颇有共同点。苏斯人的文化和事业精神里还带有一张"团结"的标签，一个大家庭或一个部落里的人也许会将所有财富完全委托给他们中间最好的商人，支持他在外打拼创业，获取财富。苏斯人依靠白手起家在商界成功赢得一席之地，建立起遍布摩洛哥各行各业的经济帝国，最著名的有塔伊西尔（Taïssir）、阿赫努什（Akhannouch）、奥古扎尔（Agouzzal）等家族。

塔伊西尔家族（Les Taïssir）

该家族起源于索维拉附近的小村庄泰迈纳尔（Tamanar），是摩洛哥名声最盛的商贸家族之一，其中最受推崇的非哈吉·奥马尔·泰希尔（Haj Omar Taissir）莫属。

哈吉·奥马尔·泰希尔14岁开始做商贩，在村子里收购鸡蛋去汽车站售卖。因为每次坐车只买半票，只坐半个座位，还得了一个响亮的绰号"nass blassa"（半个座位）。后来泰希尔和外国投资商一起进军碎石业，凭借足够的耐心、坚韧不拔的毅力和努力的工作，占领了这个领域的市场，创立了属于自己的建筑施工公司，本人也成为亿万富翁。与此同时，泰希尔获得了一个国家经济发展银行管理委员会成员的黄金提名，巩固了他在建筑和公共工程领域中的领导地位。

阿加迪尔市 1960 年震后重建工程、摩洛哥高速公路网的相当一部分、科纳克里大清真寺等都是他完成的重量级项目。此外，泰希尔还同国家铁路局、磷酸盐公司、国家饮用水公司等公共机构开展合作。

阿赫努什家族（Les Akhannouch）

该家族起源于泰夫劳特（Tafraout），主要经营领域为石油和天然气，Afriquia 是其最著名的家族企业。

1932 年，哈吉·阿赫迈德·阿赫努什（Haj Ahmed Akhannouch）来到卡萨布兰卡，做起了零售生意，开了一家杂货店，并以很快的速度扩大到 7 家。后来阿赫努什转行渔业、大理石开采，最终进军石油行业，成立了第一家 100% 摩洛哥资本的石油公司 Afriquia。目前 Afriquia 在其子阿齐兹·阿赫努什（Aziz Akhannouch）的带领下发展势头强劲。

奥古扎尔家族（Les Agouzzal）

橄榄是苏斯地区最著名的农作物之一，也给阿古扎尔（Agouzzal）家族带来了财富。穆莱·梅萨伍德·阿古扎尔（Mouley Messaoud Agouzzal）曾是灌装橄榄油的零售商，在 20 世纪 40 年代一笔橄榄油大宗批发交易中赚得盆丰钵满，1956 年成为第一个把橄榄油卖到意大利的摩洛哥出口商。20 世纪 60 年代，阿古扎尔家族创立了梅克内斯橄榄油工厂（les Huilleries de Meknès），20 世纪 70 年代进军地产业，在摩洛哥化的浪潮中如鱼得水，并从王室手中收购了彩色化学公司（chimicolor），旗下知名的家族企业还有化学实验室（Chimilabo）和卡普兰（Caplam）。

浅谈摩洛哥的精英银行家们

2019年4月23日，摩洛哥外贸银行（BMCE）上海分行正式开业的消息在摩洛哥各大媒体上滚动播出，总裁本杰伦亲赴上海主持剪彩仪式，这位年届九十的老先生还发表了热情洋溢的讲话，字里行间透露着对中国深沉的爱。这个传奇的银行家自20世纪80年代第一次以企业家身份赴华访问后，就对中国产生了很大的兴趣，随后一直持续关注着中国几十年来的飞速发展。正是在他的积极推动下，摩洛哥外贸银行成为第二家在中国设立分行的非洲银行（第一家是埃及国民银行）。除此之外，摩外贸银行也是摩洛哥国际化程度最高的一家银行，在全球31个国家开设了1675家分支机构。前不久，本杰伦宣布拟将摩外贸银行名称直接改为非洲银行，体现出其全球布局的雄心壮志。

实际上，金融行业一直是摩洛哥的优势产业，也是摩洛哥实体经济辐射周边、对外开展合作的坚强后盾。除了前面介绍的摩洛哥外贸银行，本土最大、非洲第7大银行阿提扎利瓦法银行（Attijariwafa Bank），也积极拓展全球业务，目前在全球26个国家拥有4306家分支机构。瓦法银行总裁克塔尼是全球视角的积极践行者。工程师出身的他在金融业从业30余年。自2007年担任瓦法银行总裁起，他致力于推动该银行走向国际化。自2010年起，瓦法银行定期在卡萨布兰卡举办国际非洲发展论坛，旨在促进非洲区域内的"南南合作"，加强非洲内部经贸往来和投资合作。经过近10年的成长，该论坛已被视为最活跃的非洲大陆经济及政治交流平台之一，甚至被非洲当地媒体称作"非洲的达沃斯"。

摩洛哥央行马格里布银行行长朱阿里是金融界举足轻重的人物。曾担任过政府财政大臣的他，以严谨和直言著称，被非洲青年杂志评价为摩洛哥金融稳定的看门人。2018年世界银行和国际货币基金组织年会上，朱阿里被评为中东北非地区最佳央行行长。2019年，朱阿里再次被英国金融时报评选为非洲最佳央行行长。在他的领导下，摩洛哥银行业稳健发展，在近10年来，他成功将摩洛哥通胀率维持在1.5%左右，为宏观经济稳定建立了坚实的基础。马格里布银行是一个年轻而开放的央行。一方面，朱阿里积极鼓励数字化建设，推动电子银行、移动支付等业务，金融业从而成为摩洛哥数字化程度最高的产业之一。另一方面，积极推动金融科普，在马格里布银行的官网上设有科普专栏，以浅显易懂的方式向公众讲解和传播金融知识。

摩洛哥的银行家们总给人一种精英的印象，他们胸有成竹、谈吐优雅、专业自信。他们的一言一行总吸引着媒体的关注，也是普罗大众茶余饭后的谈资。了解一下这些金融大佬，不仅有利于我们加深对摩洛哥金融产业的认识，也为我们观察摩精英阶层提供了一扇窗口。把握着摩洛哥经济命脉的他们，将把这个国家的未来带向何方？我们拭目以待。

努奥：奏一曲太阳能赞歌

沿着蜿蜒的山路，翻过摩洛哥中部巍峨壮美的雪山，便到达撒哈拉沙漠边缘地带。放眼望去，似火的骄阳下，戈壁滩的沙石肆意延伸，好一片苍茫景象。在这边光照充足的广阔区域，散布着大大小小十余座太阳能电站，在阳光照射下犹如大漠中璀璨的钻石。这些电站都有一个共同的名字——努奥（NOOR）。

得天独厚的优势

在阿拉伯语中，努奥就是光的意思。摩洛哥年平均光照时间达到3000小时。光照指数方面，瓦尔扎扎特地区全球水平辐射（Global Horizontal Irradiation, GHI）大于年均 $2556\,kWh/m^2$，太阳直接辐射（Direct Normal Irradiation, DNI）大于年均 $2100\,kWh/m^2$，是除了撒哈拉沙漠等少数地区之外的全球最优水平。此外，不同于其他沙漠地区，从阿特拉斯山脉阻挡了来自大西洋的水汽，为这里提供了充足的水源，而技术更先进的光热电站恰恰需要大量的水为燃气轮机提供动力。光热项目的储能优势弥补光伏发电时电网不稳定性，为摩洛哥南部地区源源不断提供着清洁稳定的电力。

宏伟的发展战略

作为一个化石能源缺乏但光资源极其丰富的国家，摩洛哥把太阳能作为其实现低碳能源发展目标的首选并不令人意外。2015年11月，穆罕默德六世国王在巴黎举行的第21届联合国气候变化大会上宣布，2020年摩洛哥可再生能源占电力总装机容量将达到42%，2030年这一比例将进一步提高到52%，其中太阳能占比20%。按照这一新目标，

2016—2030年摩洛哥将新增太阳能装机容量4560兆瓦（其中3440兆瓦采用光伏技术，1120兆瓦采用光热技术）。根据政府制定的发展战略，通过国家基金、吸引外资和鼓励私人投资等多种方式，计划到2020年建立多座发电总量为2000兆瓦的太阳能电站，包括努奥瓦尔扎扎特510兆瓦光热发电和70兆瓦光伏发电项目、努奥米德勒特300兆瓦光热发电和300兆瓦光伏发电项目、努奥阿特拉斯300兆瓦光伏发电项目、努奥艾尔加奈300兆瓦光伏发电项目等。这些项目建成后预计每年将减少370万吨二氧化碳排放。

"索伦之眼"——中摩太阳能合作的典范

如果您乘车路过瓦尔扎扎特，必然会看到在阿特拉斯雪山脚下，一个由数万块镜片反射点亮的光热发电集热塔尖，犹如托尔金笔下的"索伦之眼"，亦真亦幻。这是由中国山东电力建设三公司承建的努奥瓦尔扎扎特光热电站二、三期项目，项目总装机容量350兆瓦，已于2018年竣工，是中摩新能源领域合作的标志性项目。在1430公顷的荒漠地带，65万块镜面装置整齐铺设，巨大的熔盐罐和集热塔分布其间。辛勤的中国建设者们用心血和热情，创造了一个又一个看似根本不可能完成的奇迹。英国《卫报》评论，这一项目"为非洲点亮清洁能源发展之路"。摩洛哥世界新闻网认为，努奥光热电站项目让摩洛哥成为全球应用可再生能源的榜样。

瓦尔扎扎特光热电站项目是摩洛哥太阳能领域的一张绚丽名片，也是中摩合作不断深化的缩影。我们期盼和祝福这一合作蒸蒸日上，让清洁能源点亮更多人的家庭。

数字经济，摩洛哥经济腾飞的下一个风口

"数字经济"这个概念对中国人来说并不陌生，网上购物、移动支付、共享单车渗透到我们生活的方方面面，"一部手机走天下"的潇洒已成为国人的骄傲特权。但在非洲大陆，"数字经济"还是一个比较新的概念。"北非之角"的摩洛哥却似乎是个例外，从政府到媒体、从企业到个人，"数字化"都是挂在嘴边的高频词汇，似乎每个人都意识到"数字经济"将是国民经济腾飞的下一个风口。

电信基础设施领先非洲

根据维奥恩社（We are social）和互随（Hootsuite）两家世界网络管理公司发布的《2019年数字报告》，摩洛哥手机用户为4376万，平均保有量为120%；网民2257万，占其人口比例的62%；超过了世界平均水平（57%），也超过了其他非洲大国，如南非（54%）、尼日利亚（50%）和埃及（49%），社交网络使用者为1700万，占人口比例的47%。

摩洛哥的宽带网络发展水平也很不错，3G和4G网络的全国覆盖率达到了61%，在卡萨、马拉喀什、拉巴特等大城市4G网络基本实现全覆盖。根据国际GSM协会的报告，摩洛哥还将在2022年推出5G网络。摩洛哥有三大电信运营商，分别是本土企业摩洛哥电信（Maroc Telecom）和英维（Inwi）及法国的橘子电信（Orange）。走在摩洛哥的大街小巷，最常看到的广告牌都是这三家关于手机资费的广告。摩洛哥的网络资费很便宜，1G流量仅需7元人民币，办理套餐还会更优惠。如果大家来旅游，建议办一张当地电话卡，还可以用淘宝充值哦。而且据可靠消息称，在拉巴特、卡萨布兰卡国际机场出口处，各公司还设有免费赠送电话卡的摊位，走过路过不要错过。

电子商务发展方兴未艾

在电子商务领域，摩洛哥才刚刚起步，但已有一些新兴产业崭露头角。

非洲版淘宝吉米亚（Jumia）

吉米亚是一家尼日利亚电子商务公司，它的网络页面模仿的是亚马逊，但个人商家可以注册开户，运营模式又类似淘宝。除此之外，吉米亚还提供订餐、订机票、订酒店，甚至是买房服务，可谓集携程、链家和百度外卖于一体，充满了非洲创新特色。笔者曾尝试过在吉米亚上网购，商品价格不算优惠但胜在便捷，实物保真还可 7 天退换，送货速度5-7 天，除了不包邮外没有缺点，值得一试。

中东版滴滴卡利姆（Careem）

卡利姆是一家总部位于迪拜的运输网络公司，目前在中东北非地区被广泛使用。在摩洛哥的大城市基本上都能使用该软件叫车，笔者实操结论：非常好用。可自由选择私家车和出租车，现金和信用卡支付皆可。定位非常准确，可实时监控车辆行走路线。唯一需要担心的是跟司机的语言沟通问题，因为这里的出租车司机大都不会讲外语。但在不方便叫出租车的时间和地点，卡利姆不失为一种可靠的选择。

移动支付：支付宝和微信有望进驻摩洛哥

数据显示，摩洛哥的移动支付相对滞后。目前仅有 29% 的摩洛哥人拥有银行账户，0.6% 的人有手机银行账户，2% 的人在网上购物或支付账单。但移动支付是摩洛哥金融业未来发展的重点领域，央行马格里布银行已批准相关机构开展移动支付业务。几家最大的银行如阿提扎利瓦法银行、人民银行、外贸银行都纷纷推出了手机银行。摩洛哥电子银行支付中心（CMI）致力于发展移动支付，目前通过 CMI 可在线缴纳水电费、网费、高速公路费、手机费等，极大便利了日常生活。CMI

还表示，近期有意引进支付宝和微信支付进入摩酒店餐饮和奢侈品行业，为来旅游的中国游客提供更多便利服务。

大数据和云平台建设飞速发展

摩洛哥的目标是成为非洲地区的大数据和云计算中心。2017年9月，摩洛哥地中海非洲系统集团（MEDASYS）集团在拉巴特郊区建设了全国第一个采用国际第三级（TierIII）标准的数据中心。

随后，大数据和云平台建设在摩洛哥不断加速。企业层面，磷酸盐巨头摩洛哥磷酸盐集团于2017年年底宣布与国际商业机器公司（IBM）合作，建设自己的数据中心。专业领域，电信运营商英维（Inwi）于2019年1月在拉巴特科技城（Technopolis）开设了它的第三个数据中心，总面积4000平方米。科教系统，2018年12月，华为与摩洛哥国家科学院合作，在穆罕默德五世大学开设了第一个高校的高性能计算机（HPC）和云数据中心。

除此之外，摩洛哥正在大力推动智慧城市、智慧校园、远程医疗、远程教育建设；政府无纸化办公、在线办公不断普及；随着数字经济而不断催生各种新业态，美妆、美食博主为青年人带来新的就业机会。

为了促进摩数字经济进一步发展，摩洛哥政府于2017年12月组建了数字化发展署（ADD）。2019年1月，ADD和中国驻摩洛哥使馆在摩国家信息技术和系统分析高等学院（ENSIAS）共同举办了"数字中国"讲座，向当地政企学界宣介了中国数字经济的发展情况，引发了听众的强烈反响。

摩洛哥"数字经济"的迅猛发展，为中国互联网企业带来了投资机遇。我们通过两国在产业发展、技术应用、人才培养等领域合作，将数字经济领域打造成中摩共建"一带一路"合作的亮点。同时，我们也期待摩"数字经济"的快速增长，能为中国游客和侨民提供越来越便利的服务，让高新科技给大家带来"宾至如归"的体验。

腾飞的摩洛哥航空工业

可能很少有人会把非洲与航空产业联系起来，或是把摩洛哥企业与波音、空客、庞巴迪等航空产业巨头相提并论。然而，如果您曾去过卡萨布兰卡航空工业园（Midparc）参观，看着由赛峰、庞巴迪投资的现代化厂房、看着熟练的工人在生产线上流水作业，看着崭新的航空结构、基本组件输向波音、空客在全球的各大组装厂，也许您会对这个非洲国家刮目相看。经过近20年的蓬勃发展，摩洛哥航空工业已集聚企业130余家，员工1.25万人，产业值位居非洲第二，出口额位居非洲首位。根据《经济学人》报道，摩洛哥在全球航空业外资吸引力排名中位列第8位；卡萨布兰卡在全球航空工业性价比城市排名中位居第6位。摩洛哥希望将自身打造成为欧洲航空工业的"后花园"，引领非洲航空工业的发展。

从无到有、腾飞的 20 年

摩洛哥航空工业的发展始于 21 世纪初，波音公司和法国赛峰集团同摩洛哥皇家航空合作，于 2001 年在卡萨布兰卡穆罕默德五世机场附近成立合资公司马蒂斯航空公司（Matis Aerospace），为波音 737 客机制造线束总成。此后，赛峰在摩业务不断拓展，带动哈金森（Hutchinson Aerospace），赛科（Circor Aerospace），大合（Daher）等国际知名航空部件制造商相继来摩设厂。2006 年，摩洛哥已有 22 家航空工业企业。2007 年，摩洛哥航空业联盟（GIMAS）成立，进一步促进国家航空工业的发展。2012 年，摩洛哥航空工业企业已达近百家。

2014 年，摩洛哥发布"2014—2020 工业加速计划"，航空产业成为重点产业。政府希望以发展出口加工业为导向，通过引进国际巨头，发挥大企业对中小企业的带动作用，整合价值链，形成产业集聚。同时，通过对外资企业的本地化要求，提升工业附加值，促进本国工业的长远发展。其发展目标是到 2020 年创造就业岗位 2.3 万个，出口营业额达到 160 亿迪拉姆（约合 15 亿欧元），本地化率达到 35%，新吸纳企业100 余家。

摩洛哥航空产业的"教父" ——哈米德·本卜拉辛

如果说摩洛哥航空产业的发展有一位导师和教父，则非哈米德·本卜拉辛（Hamid Benbrahim）莫属。本卜拉辛自 1982 年起即在摩洛哥皇家航空担任高管。他看到摩洛哥皇家航空数十年来一直是波音的忠实客户，可是波音在摩洛哥却没有什么业务活动。经过多年坚持不懈的游说，他于 2001 年终于说服波音和赛峰旗下的拉比纳尔公司与摩洛哥皇家航空共同成立合资企业，摩洛哥航空产业的发展就此兴起。

2007 年，摩洛哥航空工业协会（GIMAS）成立，本卜拉辛被任命为协会主席。他带领摩洛哥航空工业协会积极同政府协作，牵头结合行

业发展情况，具体研提和落实政府在航空领域各项发展举措，对摩洛哥航空工业发展和繁荣立下汗马功劳。

补齐人才短板、凸显劳动力成本优势

摩洛哥始终注重产业和就业的本地化，在培训方面不遗余力出台政策积极配合，培养产业工人和中高端技术人才。2011年，政府提供土地在紧邻卡萨航空工业园建立了航空业职业培训学校（IMA），摩洛哥航空工业协会负责具体运作。根据入驻园区企业的人才需求，学校个性化定制培训项目，遴选学员，定向培养各类工程师和技工，学员培训合格后直接上岗。摩洛哥航空工业协会提供部分培训资金，政府亦给予每名学员最高6万迪拉姆的培训补贴。截至2018年，IMA已培训学员近7000人。此外，摩洛哥职业培训和就业发展署（OFPPT）还成立了航空业和航空后勤职业培训学校（ISMALA），用于航空工业人员培养。

随着人才短板的补齐，摩洛哥劳动力成本优势得以凸显，目前平均工资仅为327美元/月，低于土耳其和突尼斯，为南非的1/4。庞巴迪公司负责人曾表示，航空工业劳动力成本优势，是其将部分机翼制造生产线由北爱尔兰迁至摩洛哥的重要原因之一。目前，摩洛哥已具备一批技术水平一流、经验丰富的航空工业技术人才。中国商飞C919大型客机曾采用部分赛峰技术，相关中方技术人员的培训即在赛峰摩洛哥工厂进行。

本卜拉辛或许没有想到，摩洛哥的航空工业会发展得如此迅速。希望中摩两国在航空工业领域开展更深入的合作，打造中非高技术工业领域的合作亮点。

非陆欧风
——
摩
洛
哥

摩洛哥皇家航空公司开通摩洛哥至中国直航

2020 年 1 月 16 日，摩洛哥皇家航空公司开通摩洛哥卡萨布兰卡至中国北京直飞航线，将卡萨布兰卡穆罕默德五世机场与北京大兴国际机场连接起来，全程总飞行时间约 13 小时。为此，摩航部署了波音 787-9 梦想客机（Dreamliner）执飞。卡萨布兰卡的航班将于当地时间每周一、周四和周六 17:00 起飞，北京的航班将于每周二、周五和周日 13:55 起飞。

摩洛哥航空对开通此航线寄予厚望。摩航总裁哈密德·阿杜表示，摩航为能够开通摩洛哥至中国的直航感到骄傲，这将是摩航开通的首条直飞东亚国家的航线，不仅将有助于吸引世界第一大游客来源国中国的公民赴摩旅游，并将为进一步密切中摩双边经贸往来做出贡献。

摩洛哥皇家航空公司自 1957 年在非洲成立以来，一直是非洲领先的航空公司。每年运送近 800 万乘客，每周运营 2300 多个定期航班，连接全球 105 个目的地，其中 32 个非洲目的地，准点率 81%，3933 名员工来自 46 个国家，机队拥有 59 架飞机，平均机龄 10 年，在 Skytrax 排行榜获得四星航空殊荣。

走近摩洛哥的『绿色黄金』

■梅克内斯橄榄油

如果有机会乘飞机路过马拉喀什周边上空，你一定也会被下方的景象所吸引：赭红色平顶楼群和广袤黄沙地的交接区域突然冒出一片片方正的绿林，一株株矮树整齐列队，像极了沙漠城邦的忠诚卫兵。绿色，在一片大漠之城的衬托下格外抓人眼球，仿佛每个像素都在努力证明自己被赋予有"生命力"的含义。

这片绿便是橄榄园。

无处不在的国民食材

橄榄在地中海历史文化中占有重要位置，是食材界当仁不让的大佬，摩洛哥亦不例外。橄榄油、腌橄榄、橄榄酱、橄榄面包、橄榄沙拉、橄榄塔吉锅，以及用橄榄油烹制的各类菜肴、腌鱼、甜品……你所能想象的食物到了这里几乎都可以用橄榄佐配。行走在老城集市，从堆成小山状的腌橄榄摊子中走过，热情的商贩会给你掰一块摩式"面包"，蘸了纯正的橄榄油递过来。当油脂原始又清冽的香味和醇厚又细腻的口感在舌尖弥漫，味觉神经会严肃地通知你：这真的很"地中海"了。

如今橄榄油在全球风靡，早已成为国人餐桌上的健康明星。而腌橄榄在我们眼中还是充满着异域风情。摩洛哥的大街小巷，腌橄榄的存在感肉眼可见。走进每一家餐厅，侍者都会先送上一碟腌橄榄供食客开胃，常见绿色、红色和黑色3种，主要由于采摘时橄榄成熟度不同所致，有时亦与品种有关。在国人同胞眼里，这东西属于"爱憎分明型"食物，大约可参考香菜，好这口的人欲罢不能，一颗接一颗根本停不下来，而一些接受不了的人则唯恐避之不及。

蒸蒸日上的橄榄产业

橄榄对于摩洛哥当然不只是食材这么简单，它是这个国家首屈一指的果树作物和经济作物（产值占农业国内生产总值的5%），是赚取外汇、平衡贸易收支的功臣，也是对抗土壤侵蚀、开发可耕种土地的利器，此外，还是促进农村就业的重要帮手。如果再说远一些，马拉喀什有着不少橄榄园主题的公园和高端酒店，更是别有一番风情。

从遥远的东方赶来，你也许觉得摩洛哥橄榄的名气不是那么大？其实，摩洛哥是全球第5大橄榄油生产国和出口国，排在西班牙、突尼斯、意大利和希腊之后，也是重要的橄榄罐头出口国（早年间排名全球第2位，近年来下滑至第五六位）。马拉喀什－萨菲大区是全国最大的橄榄产区和出口区，种植面积为22.4万公顷，约占全国的20%，产量占全国的24%，包揽了64%的出口橄榄罐头和24%的出口橄榄油。每年到了橄榄丰收季，小城阿塔维亚（La attaouia）都会举行橄榄沙龙，而这里也是摩洛哥优质橄榄油最负盛名的产区之一。此外，在瓦尔扎扎特和非斯－梅克内斯等地也有大面积种植。

摩境内主要种植的是摩洛哥皮肖利（Picholine marocaine）橄榄树种，占比90%以上，每吨产油17-18升，口感醇厚，果香浓郁持久（据说一年都不会变）。在摩洛哥人看来，西班牙和意大利的橄榄油之所以蜚声国际，是因为两者注重市场营销，但就品质而言，自家的橄榄油毫不逊色。而事实也证明其所言不虚。国际橄榄油理事会（IOC）每年都会举办马里奥·索利纳斯奖（堪称橄榄油界的"诺贝尔"奖），以评选最高品质的特级初榨橄榄油。摩洛哥产品向来是榜单常客。2018年，来自马拉喀什的品牌爱利吉农庄（Domaine Arije）更是斩获一等奖，真的很厉害了。

受生产技术和开发工艺所限，摩洛哥橄榄行业的附加值还有待进一步提升。在乡村，石碾子这种传统的橄榄油榨取工具仍广泛存在，效率有限且污染水源，目前正逐渐被政府强制弃用。此外，较粗放的种植模式也亟待改善，橄榄产量随着每年降水多寡和气温起伏有较大波动，这使橄榄产品的出口能力、稳定性和价格竞争力都受到影响。

当前，橄榄已成为摩洛哥国家农业战略"绿色摩洛哥计划"的重点扶持产业，主要在于扩大种植面积，提高技术水平，促进下游产业投资开发，提高行业附加值，进一步发挥经济和社会效益。其发展目标是到2020年，种植面积达到122万公顷，产量提升至250万吨。

得益于政策红利，橄榄业发展已进入快速上升期。橄榄种植面积短短数年间翻了一倍，现已突破百万公顷。2018—2019年农季，摩洛哥的橄榄产量预计将再创新高，达到200万吨，同比大幅增长28%。

随着国人游客数量的攀升和中摩经贸的不断发展，相信未来不久就可在国内餐桌上看到越来越多摩洛哥橄榄产品的身影。

一峽，一港，一座城

丹吉尔，摩洛哥北部经济重镇，位于非洲大陆西北端，距欧洲仅14海里。

岁月留痕

地理位置足以道明丹吉尔的一切缘起。盘踞在世界级战略通道——直布罗陀海峡的入口，扼守地中海和大西洋门户，丹吉尔注定是历史长河的"天选之城"，在漫长的岁月中经受强国相争、战火徘徊。今天默默矗立在斯帕特尔海角的灯塔像极了这座城市的化身，那是大陆一隅的看门人。

历史的烙印早已奠定城市开放多元的基调。早在17世纪，丹吉尔就被确立为阿拉维王朝的外交首都；20世纪初成为欧洲8国共管的"国际自由城"，一时间，城市迅速西化，商贸繁荣，是欧洲名副其实的后花园，也是杜鲁门·卡波特笔下的"时光隐秘之地"。1960年，独立之初的摩洛哥在此设立自贸区，但很长一段时期内，丹吉尔并未能焕发光彩。直到进入21世纪，现任国王穆罕默德六世大刀阔斧振兴经济，重塑国家发展战略，借力地缘优势，豪掷手笔建设丹吉尔地中海港，复兴商旅、规划市政，城市的价值回归之路才加速推进。不鸣则已，一鸣惊人。

如今，丹吉尔是摩洛哥第二大经济城市、制造业与物流重镇和主要旅游目的地。以它为中心的丹吉尔—得土安—胡塞马大区对全国 GDP 贡献率达 22.4%，仅次于卡萨布兰卡。

居功至伟的丹吉尔地中海港

丹吉尔地中海港（Tanger Med）于 2007 年建成，连通全球 77 个国家的 186 个港口，吞吐量 5220 万吨，是摩洛哥第一大港，年出口额占全国出口总额一半以上，对提升经济竞争力发挥重大作用。经过 10 年的发展，丹吉尔地中海港已成为地中海重要的转运枢纽。2017 年，它凭借 331 万标箱的集装箱处理量，超过埃及塞得港和南非德班港，一举成为非洲最大的集装箱港，并首次跻身全球集装箱港第 45 位。

腾飞至此仅是开端，摩洛哥的雄心是建造地中海最大的港口。在建的丹吉尔地中海港二期预计于 2019 年内投入使用，将港口集装箱处理能力提升至 900 万标箱，势必进一步巩固其在全球贸易中的区域物流中心地位。

以丹吉尔地中海港为核心，一个集工业、商贸、物流于一体的临港产业平台正在形成，联结保税区、汽车城、"雷诺"汽车工业园，以及得土安产业园和离岸园区五大产业板块，现已有约 800 家企业。得天独厚的区位、便捷的物流和良好的基础设施使丹吉尔备受国外投资者的青睐。平台内的丹吉尔保税区（Tanger Free Zone）被《外国直接投资情报》评为非洲第 1 位、全球第 6 位最具吸引力的保税区；"雷诺"汽车工厂是该集团在非洲最大的生产基地，并成功带动一众国际汽车零部件企业在此形成产业集群。2018 年，"雷诺"通过丹吉尔地中海港出口 38 万辆汽车，占其丹吉尔工厂产能的 91%。2019 年，"标致—雪铁龙"在盖尼特拉工厂制造的汽车也将从这里出海。

　　除丹吉尔地中海港之外，丹吉尔还大力兴建旅游设施，增设绿地，加速城市化建设。原先的丹吉尔城港被改建为娱乐休闲港，准备迎接地中海游轮上的来客；非洲首条高铁（丹吉尔—卡萨布兰卡高铁）已经通车，使区域联通水平迈上新台阶。

实至名归的"桥梁"

　　地缘区位使摩洛哥成为连接欧洲、阿拉伯世界和非洲三大市场的枢纽。打造外部世界与非洲的合作"桥梁"是摩洛哥的战略发展定位，也是参与非洲经济一体化和经济全球化的重要通道。

　　由于东有阿特拉斯山脉阻隔，南有撒哈拉沙漠横亘，西北一峡贯通两洋，港口遂成为摩洛哥联通内外，发挥枢纽作用的关键手段。作为非洲第一大海运国，摩洛哥从未停止前进的步伐。在《2030 国家港口战略》项下，摩政府计划新建和改扩建一批港口。丹吉尔地中海港为拟建的纳祖尔地中海港、盖尼特拉大西洋港提供了范本。这些港口无一例外地均被规划为集临港工业园、免税区于一体的综合产业平台，将与丹吉尔地中海港一道，共同构建这座"桥梁"的基石。

丹吉尔的华丽转身成为摩洛哥国家发展战略推进的一个缩影，见证"桥梁"从构想逐步化为现实。这里可以看到政府在优化产业结构、发展出口多元、提升经济竞争力、探索新型发展模式和提升就业等诸多方面的努力。

深夜，港口灯火依旧，船舶星星点点穿梭于其中，一片繁忙景象，城市的辉煌仿佛才刚刚揭幕。我们有理由相信，海洋和地缘蕴藏的广阔机遇，将给这个国度带来更加光明的未来。

第五章

出 行 宝 典

在摩洛哥『买买买』

传统手工艺给摩洛哥带来的影响是手工艺者自身不承想到的，而旅行者们恰恰可以从这些千年流传的工艺中体味一下这个国家的文化传承。摩洛哥市场里很多的手工艺品并非只是卖给游客的纪念品，当地百姓也一直使用这些纯粹的手工艺品。

来摩洛哥旅游总是想着给亲戚朋友捎点小纪念品。摩洛哥比较有特色的物产有两类：一类是精油等美容护肤产品，二类是传统手工艺品。

摩洛哥盛产精油，是大牌化妆品实验室

阿甘油：大家在雅诗兰黛、娇韵诗、欧舒丹等大牌护肤品配方中看到的"摩洛哥精油"就是它。阿甘树是摩洛哥特有的树种，果实压榨出的油脂非常珍贵。公元 1 世纪，摩洛哥妇女就了解阿甘油的驻颜功效，普遍将阿甘油涂于肌肤和头发，以在干旱炎热的天气里保持皮肤润泽。近年来，科学证实阿甘油富含维生素 E 和亚油酸，有着近乎全能的美容奇效，特别是具有抗衰老功效，被誉为"液体黄金"。的确，阿甘油无论是保湿抗皱，还是淡斑修复，或是护发润泽，都有不错的效果，越来越多的消费者将其视为大众必备的护肤品之一。在摩洛哥商店里既有阿甘油的原油，也有很多美容美发产品。原油不添加防腐剂，保质期一年，所以一次不要买太多哦！

玫瑰精油：与普通玫瑰相比，摩洛哥玫瑰的花瓣更多，颜色更艳。摩洛哥产玫瑰精油呈淡淡的黄色，芳香扑鼻，在低温情况下表层会形成一层薄薄闪亮的玫瑰蜡结晶，手温即可使其恢复液态，有"精油皇后"之称。科学研究发现，玫瑰精油具有紧实肌肤、收缩血管、舒炎消肿的作用，可滴在洁面乳、面霜、眼霜、面膜、沐浴露或洗发水里一起使用，有助于改善睡眠、提振精神、舒缓紧张等负面情绪。需要提示的是100% 纯度的精油不能直接使用于皮肤上，需要调和到 10%-30% 才能使用，以免产生灼伤或过敏现象。

仙人掌果籽油：仙人掌果可能国人不太熟悉。但据医书记载，它不仅有行气活血、祛湿退热的功效，还具有抗氧化活性，能促进肌肤细胞再生，保持皮肤润泽细嫩。仙人掌果籽油即是从该果种子中萃取，天然温和，有防止皮肤干燥、减少皱纹等神奇的功效，适用于各种肤质和各个年龄层的人群。由于仙人掌果籽油产能极低，榨取 1 升油就需要消耗 300 万粒种子，因此价格昂贵。目前，市面上的仙人掌果籽油品牌多创立于摩洛哥本地，主要销往欧美地区。

手工地毯：摩洛哥的手工编织地毯非常漂亮，要么保留天然的乳白奶油色泽，饰以巨大的图腾花纹，要么织有彩色抽象图形，跳跃而夺目，要么采用图案的不规则拼接，散发着现代时尚的气息，据称完全找不到一模一样的两条。特别是来自阿特拉斯山区的柏柏尔族村落的编制地毯，每个村落都有自己的风格和符号，非常精美，送人收藏俱佳。地毯价格与质地、大小、做工紧密相关，变化幅度较大。

皮革制品：摩洛哥盛产皮革，皮革鞣制染色工艺是当地著名的传统工艺。历史上，非斯市是全国乃至整个地区闻名的皮革加工中心，现在古城中心有少数作坊仍然沿用世界上最古老的手工制革技术，不使用任何现代机器，而这种坚持也让它们成为非斯的著名景点。据称，古法制作的皮革制品皮质柔软，颜色鲜艳持久。轻便易携带的拖鞋、皮夹等小皮革制品不失为一份精致体面的手信。

精美银器：摩洛哥的银器制作工艺历史久远。一直以来，匠人们以代代相传的精湛工艺精心打制各式银器，从茶具托盘到家居饰品，几乎涉及日常生活的各个方面。其中，最常见就是摩洛哥人日常饮用"国饮"薄荷茶的器具——传统的镀银托盘和茶壶。据说内行从敲打声音中就能挑出佳品。当然，外行随意买些精致的小挂件也是不错的纪念品。

杜亚木制品：杜亚木实际是生长在摩洛哥索维拉周边的侧柏木。这

种木材呈红棕色，花纹美丽，尤其是树根部分，还带有黑色点状花纹。因其气味清香，木质坚硬，被当地的工匠们用来制作精美的家具或装饰品。索维拉传统木工手艺世代相传，镶嵌技术尤为精湛。各种杜亚木制品做工精良，极具异域风情。

陶制品：摩洛哥是一个被称为"调色盘"的国度，色彩斑斓的彩绘陶器便是最好的证明，在任何城市的集市里都能看到大量陶器。一件精致的陶器需要一个经验老到的工匠耗时一个多月方能制成，上面的彩绘图案都是人工一笔一笔所画而成，买回家无论用来喝茶、盛食物还是挂在墙上做装饰，都充满北非风情。

此外，羊皮灯、陶制塔吉锅、彩色玻璃杯、铁艺制品也是值得欣赏关注的摩洛哥手工艺品。

摩洛哥购物注意事项

摩洛哥每个城市的麦地那（老城区）里都分布着很多传统商铺或市场，如非斯老城的商业街或是马拉喀什的不眠广场。那里传统手工艺品琳琅满目，大到雕工精美的实木家具，小到便宜的真皮吊坠，应有尽有。在摩洛哥购物，一定要注意以下几点：

1.在市场买东西一定要货比三家。一旦心有所属，则需要狠命杀价儿，如果不行再一点点涨，大都可以成交。

2.带出原产于摩洛哥的工艺品、旅游纪念品等无价值限制，但须出具可证明其付款方式、地点和价格的原始发票。

3.购物需谨慎，很多小商品实为中国制造。

4.如购买艺术品、收藏品和古董，须在文化事务局办理出境许可，装饰性矿石制品、十件以内的化石制品等则无须办理。

5.购物满2000摩洛哥迪拉姆可申请退税。卡萨布兰卡、马拉喀什等机场均可办理。在办理登机手续前前往海关办公室办理退税，携带护照、退税单、退税商品及小票接受海关检验、盖章，并将盖好章的退税单投入相应退税公司的柜台或邮箱，税款约在10天之内到账。

行走在摩洛哥

随着摩洛哥对中国免签政策的实行，越来越多的中国游客慕名来到这个相距北京一万多千米的北非神秘国度旅行。旅途中游客最为关注的就是便捷的交通方式，在此简单梳理介绍一下摩洛哥的主要出行方式。

城际交通

1. 铁路

全国的火车主要有两条客运线路：一条是北部港口城市丹吉尔经拉巴特、卡萨布兰卡到马拉喀什的线路；另一条是东北部城市纳祖尔经非斯到马拉喀什。外国游客一般使用第一条线路更多。

摩洛哥火车分为高铁（A1 BORAQ）、快车（Rapide，TCR）和普通车（Ordinaire，TNR）三种。

2018 年 11 月，摩洛哥首条高铁线路开通，时速最高可达 320 千米／小时，可与欧洲的"欧洲之星"高铁比肩。该线路连接丹吉尔和卡萨布兰卡，途经肯尼特拉和拉巴特，将原本 4 小时 45 分钟的行程压缩到 2 小时 10 分钟，票价约为 187-243 迪拉姆。

快车和普通车速度相差不大，只是快车停站相对较少，车辆较新，有空调，舒适度较高，但平均价格要比普通车高 30%。大部分火车为双层，上层视野较好。座席分一等和二等两种，一等座是包厢，每个包厢 6 人，有空调与阅读灯，二等座设施与国内火车相似，但有时无空调。普通车在行驶时一般不关车厢门，需注意安全。

购票最好先在网上查询，之后去火车站人工窗口现金购票最为方便，旅游旺季宜提前 1-2 天购票。提前购票价格有优惠。高铁和快车对号入座，普通车二等座一般无车厢号与座位号，座位"先到先得"。火车准点率较好，工作人员普遍可以讲英语。

2. 公路

大部分摩洛哥地区只能乘客运大巴抵达。较好的长途客运公司有国营的摩洛哥交通公司（CTM）、Supratours 公司。票价较为实惠，约为 150-300 迪拉姆。

CTM 公司线路尚未覆盖摩洛哥全境，且部分线路直达班次有限，有时会出现一票难求的情况，建议提早规划，抵摩后一次性买齐所有车票。

Supratours 隶属于火车公司，一般连接铁路运输枢纽城市与周边。如果您想从卡萨布兰卡乘火车去索维拉，火车站的工作人员就会为你推荐乘火车到马拉喀什，然后转乘 Supratours 的巴士去索维拉，中转时间为 15 分钟。

此外，摩洛哥还有多家公路客运公司，但安全性与舒适度不尽如人意。

3. 航空

摩洛哥的国家航空公司为摩洛哥皇家航空公司（RAM），基地设在卡萨布兰卡穆罕默德五世机场。摩航在摩洛哥境内提供卡萨布兰卡、马拉喀什、丹吉尔、非斯、阿加迪尔、纳祖尔、索维拉、拉希迪亚、达赫拉等城市间的航线，但航班选择不多。

市内交通

1. 出租车（TAXI）

在摩洛哥的大城市，便捷经济的市内交通方式首选出租车。摩洛哥出租车一般分为两种：一种是小出租车（Petit Taxi，每个城市都有专属的颜色），只跑城区路线，最多搭载 3 位乘客；另一种是白色大出租车（Grand Taxi），可以跨城跑长途，大多是淘汰的老款奔驰，可乘坐 4-6 人。

有的地区还有商务 7 座出租车（又称迷你小巴），适合多人出行使用。

出租车一般招手即停。小出租也可以通过电话约车。每个城市还有出租车总站。

摩洛哥出租车行业并不十分规范，尤其是机场、火车站、大巴站附近会有乱要价、不打表、服务后加价情况发生，所以要尽量挑选语言可以沟通的司机，上车前务必要讲好价钱。

2. 有轨电车（Tram）

拉巴特与卡萨布兰卡各有两条有轨电车线路。一般运行间隔几分钟，单程票价为 6-8dh，车厢内比较舒适，是一种方便快捷、经济舒适的出行方式。车票可在车站的人工柜台或自动售票机购买。

3. 市内公交

摩洛哥的公交系统相对落后，基础设施较差，偷盗事件时有发生，安全保障缺乏，不建议作为市内出行选择。

但丹吉尔等大城市的旅游观光巴士（City Tour）设施良好，票价约为 100dh。

4. 租车

凭国际驾照在摩洛哥可以租车自驾（中国驾照不可直接在摩洛哥使用，租车前需要准备驾照原件及法文翻译公证件）。摩洛哥车以手动挡为主，靠左驾驶。租车费用大约每日 50 欧元，一般选择 10 天以上租车的游客比较多。在摩洛哥可以异地还车，车内全球定位系统的语言是法语或者阿拉伯语。

建议选择全球连锁大型租车公司，选择新车型。摩洛哥虽接受异地还车（瓦尔扎扎特等沙漠边缘城市、舍夫沙万山城小镇等除外），但建议尽量在当地还车，以免出现不必要的麻烦。摩洛哥很多民宿在老城内，车辆无法通行，在选择酒店时需要考虑此因素。

摩洛哥路况复杂，山路较多，自驾需要注意安全。

住在摩洛哥

摩洛哥这片土地，有太多的风情万种，有太多的自由绽放，总让人感觉是身处一千零一夜童话里描述的阿拉伯世界。而在这里，如果想要体验深度的异域风情，入住一家特色酒店，也许比常规的游景点会更有意思。

在摩洛哥住里亚德（Riad），就像在北京住四合院一样，是摩洛哥旅行之"必体验"之一！

里亚德是一种摩洛哥传统四合院式的住宅，一般两层到四层楼高，外观看比较传统，中央庭院经常建有安达卢西亚式喷泉或水池。最初，只有达官贵人才能拥有如此豪宅。如今，一些有心人将这种摩式传统住宅改造翻新，加入了很多现代元素，打造成为红遍全球的摩洛哥民宿。入住其中，仿佛进入了天方夜谭的童话世界，每天就想懒在泳池边、晒太阳、喝酒、撸猫、听歌、看美人，打瞌睡。在某些神奇的时段，民宿客人会仿佛约好了一般集体来到小院里，大家各自找个位置或坐或躺，要么捧着本书阅读，要么闭眼小憩，要么低声细语慢慢交谈……

马拉喀什是全摩洛哥最集中的网红民宿聚集点，但城中的皇家曼苏尔马拉喀什酒店整栋出租的里亚德则完全是另外一种体验。据说酒店创意来自国王本人，由法国建筑师设计。1500 多名工匠花费 3 年多时间，才打造出这家经典的北非阿拉伯风格的皇室酒店。别看外表不起眼，内部却别有洞天，极其奢华，被誉为摩洛哥传统工艺的经典之作。每栋里亚德分上、中、下 3 层，底层是庭院和会客区，二楼是卧室，顶楼是浴室和平台，挑高的玻璃顶棚可以自动开合，入住的体验就是一千零一夜的魔幻体验。

非斯的利雅得玛雅套房加水疗旅馆（Riad Fès Maya Suite & Spa）坐落在麦地那的中心地带，由 14 世纪的宫殿改建而成。走进其中就像走进了一个博物馆，从大厅到房间的每一个细节都彰显出非斯古城繁盛

非陆欧风
——
摩洛哥

时期的建筑文化和氛围，每一个门廊、每一个细节都是精心设计，除了住宿，更多的是穿越般身临其境的中世纪皇家体验。整个酒店仅有9个房间，但每个房型都展示不同的装饰风格，所有细节都非常精致。

在中国游客十分喜爱的舍夫沙万，里亚德完全没有马拉喀什的豪华奢侈或者非斯的历史厚重之感，而是老百姓日常生活的舒适悠闲。这里的家家户户都像是一个小花园，房屋是非常传统的穆斯林风格，回字行结构中间是中庭和天井，从门外根本想不到里面的样子，只有进去之后才会发现里面别有洞天。

作为欧美游客极其追捧的旅游目的地，摩洛哥也不缺现代化酒店。

拉玛穆尼亚（La Mamounia）酒店位于老城繁华地段昔日的皇家花园内，由旧宫殿改建而成，是马拉喀什最有历史韵味且坐拥大片花园绿地的酒店。1923年开业以来，酒店吸引了无数的王公贵族，一些影视明星也都是这里的常客；近百年后，拉玛穆尼亚依旧是摩洛哥酒店业的翘楚，欧洲王室把它当成摩洛哥的家，欧美网红也把它列为必去打卡之地。酒店客房低调而奢华，整体灯光幽暗，极具神秘感。踏入这里，酒店外的任何景色都会黯然失色。

卡萨布兰卡的四季酒店建于大西洋岸边，2015年开业，是全城唯一的一家海滨酒店，自然成为游客首选。酒店前即是细腻的沙滩、清澈的海水，站在房间的阳台眺望，就可以欣赏到壮阔的大西洋，连空气都弥漫着海的味道。即使不想出门，坐在阳台品上一杯摩洛哥薄荷茶，发上一下午呆，也是一件很愉悦的事情。

拉巴特丽思卡尔顿酒店尚未开业，距离市中心10分钟车程，位于达累斯萨拉姆皇家高尔夫球场内，周围是一片440英亩的橡树林，风景极佳。酒店高层人士信心满满地要将其打造成为拉巴特最豪华的酒店。

每个来摩洛哥的人，一定还要体验一把沙漠营地。

三毛的经历拉近了撒哈拉与我们的距离，在金沙中的营地里，我们仿佛穿越到另一个世界。荒芜之地也可拥有极致奢华，骆驼皮制成的帐篷、柔软地毯、复古铁艺、异域音乐、丰盛食物一应俱全。日出日落时，可以登上不远处的沙丘远眺地平线；夜里万物寂静，可以享受难得的静谧星空，你会发现宁静美丽触手可及。

当然，沙漠里既有通水通电通网络、带独立卫浴的豪华帐篷，也有因资源条件有限、设施简陋的简易营地，大家务必要慎重选择。真心希望无论是极致奢华，还是简约舒适，你都会找到适合自己的那一个家。

领事服务信息

签证须知

自 2016 年 6 月 1 日起，摩洛哥正式实施中国公民入境免签政策。中国公民可持护照免签进入摩洛哥境内，最长停留期不超过 90 天。

持中国香港特别行政区护照者到摩洛哥从事旅游、商务活动，可享受 30 天停留期的免签证待遇。持中国澳门特别行政区护照者可免签入境，停留期不超过 90 天。摩洛哥对中国台湾同胞不免签，一般给予 15 天停留期签证。

入境须知

1. 入境时须持有效护照（不得少于 90 天），摩边检人员有可能要求出示机票、酒店订单、公司邀请函等文件，请随身携带。如对方提出任何不合理要求，应予拒绝，并要求联系使馆或直接拨打当地反腐举报热线 0800004747。

2. 旅客进出摩洛哥国境可携带职业所需的摄影器材、教育器材、科学仪器或其他展览、会议等场合用仪器，但入境时需在海关申报或由摩洛哥相关公司在入境前向海关提供担保函，且须于离境时将此类物品带出。

3. 未经申报许可，在摩境内不得携带并使用无人机，如未入关前申报，被查出后将直接罚没无法索回，且不排除被判间谍罪入狱。

4. 不得携带超过自身旅途需要的电器（如 2 部全新的手机）、衣物等大宗商品（如从其他旅游目的地购买的全新奢侈品）进出摩洛哥国境。否则会被海关征收相关税费。

5. 摩洛哥明确禁止摩本国货币迪拉姆的进出口，不得携带超过 2000 迪拉姆的现金进出摩国境；携带外汇现钞入境自由，但如出境将受到严格限制，超过 10 万迪拉姆的等值外汇现钞必须持有入境时的申报单方可携带出境，否则将被海关扣留；对携带旅行支票、银行支票、信用卡等出入境无限制。

领保联系方式

1. 中国驻摩洛哥使馆领事保护与协助电话：

   00212-537666000（在摩洛哥本地拨打 0537666000）

2. 外交部全球领事保护与服务应急呼叫中心电话（24 小时）：

   0086-10-12308

   0086-10-59913991

『领宝』有话说

来摩洛哥旅行难免会碰到这样那样的"状况"，驻摩洛哥使馆的"领宝"小哥也经常接到大家的求助电话。为了方便大家的出行，现在就把一些比较典型的案例和大家分享一下，希望引起大家的注意，避免影响自己的旅程。

机票篇

王先生打算暑假期间带老人、孩子去摩洛哥旅游。因为当时中摩两国之间没有直航，王先生在旅行社的建议下决定在巴黎中转。为了节约开支，第一段航程预定了国航北京到巴黎的机票，第二段预定了摩航巴黎到卡萨的航班。于是在巴黎转机时问题来了：因为国航停靠戴高乐机场、摩航停靠奥利机场，王先生抵达后需办理法国入境手续，再转到奥利机场搭乘摩航继续旅程。由于本没打算在法国停留，王先生一家根本没有申办申根签证，结果无法入境办理转机手续。

摩洛哥虽对华实施免签政策，但如购买机票为非联程机票，游客首先需要考虑经停地是否需要签证。如前文的王先生从北京飞往巴黎是国航，从巴黎飞往卡萨是摩航，就必须事先办妥申根签证。有的时候，搭乘不同航空公司甚至要经历行李须在经停地提出后再次托运的过程。

中国驻摩洛哥使馆提醒您：来摩旅游途中如需转机，最好购买同一航空公司联程机票，以免转机遇到麻烦，耽误行程。

入境手续篇

李女士应邀到摩洛哥穆罕默德五世大学参加学术交流活动，抵达拉巴特机场办妥入境手续后前往预订酒店。在办理入住手续时，酒店前台告知李女士，因其护照上缺少"入境号"，无法接待其住宿。

在摩洛哥入境办理手续时，边防警察会将每位入境人士的登记号码填写在入境章旁边，这就是"入境号"。在摩逗留期间办理酒店入住等手续时，需提供此号码。尽管摩洛哥机场有警察专门核查护照上是否盖有入境章和入境号，但还是偶有未盖事件发生，影响旅客在摩行程。

中国驻摩洛哥使馆提醒您：在机场入境完成边防手续后，需仔细核对自己的护照上是否盖有入境章并填写入境号。

入乡随俗篇

在旅行中赏美景、享美食、品美酒是人生中的一大快事。段先生利用十一黄金周到摩洛哥旅行。结束一天的游览，三五知己准备小酌一番，可是在街上很难找到酒馆，这才想起伊斯兰国家民众禁止饮酒吸烟。之后导游带他们去了一家西班牙餐厅，并告诉他们在摩洛哥，任何人不得在公共场合（海边、街道旁等）饮酒吸烟，但允许在有酒证的酒吧、餐厅饮酒。

中国驻摩洛哥使馆提醒您：来摩洛哥旅行，请尊重当地的穆斯林风俗和宗教信仰。斋月期间更要注意。

租车篇

周先生和同学计划来摩洛哥旅行。听说摩洛哥公共交通不是很发达，且南北狭长、景点分散，于是一行人相约自驾。可是拿到车上路第二天就出了状况，车在半路抛锚。周先生和同学轮番拨打租车公司救援电话，要不就是没人接听，要不就是推诿扯皮，折腾了大半天对方才同意为他们更换车辆。

中国驻摩洛哥使馆提醒您：在摩洛哥租车自驾，请选择世界知名公司租赁全险车辆。如行驶途中遇车辆故障，可先联系车辆保险公司请求救援。如事发在高速公路，可拨打5050救援电话。如遇周末无人接听电话时，可尝试拨打报警电话19（手机拨打112），宪兵177。如在行驶途中遇交通事故，请第一时间报警。

行李篇

王先生和女友在欧洲玩了一周，购买了不少大牌服装、高档手表和奢侈包包，又乘兴来到摩洛哥。可是在卡萨布兰卡机场入境时，海关发现其行李中有大量奢侈品，要求其缴纳高额税费。尽管王先生承诺所有物品为自用，但被认为奢侈品数量明显高于常规自用数量，还是按要求补缴了一笔不菲的税款。

中国驻摩洛哥使馆提醒您：旅客携带大量奢侈品入境摩洛哥，海关有权收取相关税费，甚至是罚金。

无人机篇

钟先生是一个摄影发烧友，此次摩洛哥旅行就是为了拍摄一些穆斯林老城风景、大西洋和撒哈拉沙漠震撼人心的画面。为此，他做了充分准备，专门带上了无人机。在机场入境检查行李时，被海关告知无人机及其附属配件不能入境，并直接做出了没收处理。

无人机拍摄在国内日趋流行，但摩洛哥境内严禁使用无人机。即使不使用，也不允许作为经停国带入。摩洛哥海关会对所有入境行李进行检查，如发现无人机，直接罚没。如游客在入关前提前申报，海关可暂时保管无人机，待其离开时亲自取回。但若游客不从同一机场离境，暂存机场的无人机也就永远留在了摩洛哥。即便侥幸避开海关检查将无人机带入，但一经使用，宪兵警察便会在短时间内找到使用者，在罚没设备的同时还会被处以罚款，情形严重时（如拍摄王宫等），不排除被判处间谍罪的可能。

中国驻摩洛哥使馆提醒您：摩洛哥严禁携带无人机入境，严禁在境内使用无人机。

摄影篇

在色彩斑斓的摩洛哥拍摄的每一张照片都是一场赏心悦目的盛宴。陈先生是一个对图片画质追求极致的影友，为了这次摩洛哥的色彩之旅特意准备了专业的"长枪短炮"，还专门邀请朋友同行协助。可是在马拉喀什机场入关时，大量的专业摄影器材却为他引来了警察，并被告知要出具摩洛哥新闻部的拍摄许可，方可携器材入境。

摩洛哥作为旅游胜地吸引了众多摄影爱好者携带体积庞大的专业器材前来采风。但当地警察对于拍照设备，尤其是专业器材十分敏感，即使在街头架个简单三脚架也会招来警察的仔细盘问，影视素材视频的拍摄更是必须得到摩洛哥新闻部授权。

中国驻摩洛哥使馆提醒您：为避免旅途受影响，广大摄影摄像爱好者宜携带较为轻便的、不易引起争议的设备拍摄，在满足画质要求的同时不耽误旅行的顺利进行。

留学生篇

刘小姐在法国巴黎留学，到校不久就遇上学校放两个星期的秋假，便约了同学一起来摩洛哥旅行。旅行非常愉快，可是在机场离境时刘小姐遇到了麻烦：航空公司因其仅持有申根一次入境签证，且没有法国居留证，拒绝为其办理乘机手续，她只能选择飞回中国重新办理申根签证。

摩洛哥对华免签后不仅吸引着国内游客，也吸引了大批在欧洲留学的中国公民。旅欧留学生一般持单次签证，入境留学国家后签证失效，需办理正式居留证件。如在办妥居留证前即来摩旅行，返欧时将面临无有效入境证件被航空公司拒载，不得不回到国内重新办理申根签证的情况。

中国驻摩洛哥使馆提醒您：旅欧留学生需在当地办理好正式居留证后方可来摩旅游，持有临时居留证明也可能被某些航空公司拒载。

旅居他国人员篇

小张在德国法兰克福工作，利用圣诞假期来摩洛哥旅行。由于疏忽大意，在卡萨布兰卡被小偷偷走了全部财物和证件，包括德国居留证。走投无路的小张求助中国驻摩洛哥使馆的领保热线。很快"领宝"就开通绿色通道为他补办了旅行证。心情大好的小张满心以为这下高枕无忧，可是离境时被航空公司告知，因他没有德国入境证件不能乘机。尽管"领宝"帮他多方联系沟通，但最后他只能回国重新办理护照和申根签证。

中国驻摩洛哥使馆提醒您：旅居他国的中国公民来摩时需注意保管好证件。如仅是丢失中国护照，可来使馆办理旅行证，然后凭旅居国的居留证以及摩洛哥警察局开具的护照丢失声明，到旅居国驻摩洛哥使领馆办理返回旅居国手续，也可直接联系离摩航空公司，了解相关规定办理返回驻在国手续。如同时丢失中国护照和旅居国居留证，航空公司会因其没有旅居国入境证件拒绝搭载其返回旅居国，必须办理旅行证回国后，重新申办中国护照和旅居国签证。

"撸猫"篇

摩洛哥的公园、酒吧以至于街头到处可见猫咪。这一日，李小姐到达舍夫沙万，看见路边蹒跚学步的小奶猫，顿时爱心膨胀想要好好抚触一把，不承想却被警惕性爆棚的猫妈妈挠了几下。同行的朋友建议赶紧联系诊所打疫苗，可是，人生地不熟，诊所难觅，非常着急。虽经援摩医疗队帮助，但找到医院时医生已下班，只能第二天返回医院接种疫苗。原来摩洛哥地方医疗能力有限且医院效仿西方预约制度，有时无法在受伤后 24 小时内接种疫苗。

中国驻摩洛哥使馆提醒您：在接触流浪猫狗等动物时，必须保持安全距离，保护好自己，避免受伤。

实用信息

一、紧急求助电话

1.在城市内遇紧急情况报警，电话座机拨 19，手机拨 112。

2.在城外遇紧急报警（宪兵）电话：177。

3.消防报警电话：15。

二、常用电话号码或网站

1.警察局

拉巴特市警察局：0537-720232/720233/34/35/36

卡萨布兰卡市警察局：0522-778300

马拉喀什市警察局：0524-430618

非斯市警察局：0535-622061

2.急救中心：0537-202020 或 0537737373

3.国家安全移民局：0537-724011

4.摩洛哥旅游部网站：https://www.officetourismemaroc.com/

5.公共性服务机构

查号台（收费）：160

障碍（免费）：110

投诉（免费）：130

法语报时（免费）：172

自动闹钟（免费）：170

6.机场及航空公司

拉巴特机场总机：0537-808090

卡萨布兰卡穆罕默德五世机场总机：0522-435858

机场信息网：http://www.onda.ma

摩洛哥皇家航空公司（ROYAL AIR MAROC）0522-489702

非陆欧风
——
摩
洛
哥

IB 航空：0522-539260

法航（AIR FRANCE）：0890201818

阿联酋航空（EMIRATES AIRLINES）：0522-439900

奥尼斯航空公司：0522 201415

7. 铁路：铁路信息网：http://www.oncf.ma

8. 公路客运：国营 CTM 公司官网：http://www.ctm.ma/

三、通信与电源

1. 摩洛哥电压为 220V，使用德标两相粗源插座，国内游客需要自备转换插头。

2. 摩洛哥手机制式与中国相同，支持全球漫游的中国手机卡可以在摩洛哥全境使用。

3. 摩洛哥电信业较发达，主要有摩洛哥电信 (Maroc Telecom)、Orange 电信和 INWI 电信三家电信公司，有线、无线网络基本上覆盖全境，提供电话、宽带上网、4G 无线上网服务。如有临时通话、上网需要，可以在以上电信公司的营业网点购买预付费手机卡和充值卡，资费可现场咨询柜台（旅游旺季，电信公司会在机场到达处设置柜台，发放手机卡）。在麦当劳等也有免费的 WI-FI 信号。

四、节假日信息

1. 以下节日为公历日期，每个节日有一天的全国性假期

元旦（1 月 1 日）

独立宣言节（1 月 11 日）

劳动节（5 月 1 日）

国庆节（穆罕默德六世国王登基日）（7 月 30 日）

收复黄金谷地纪念日（8 月 14 日）

国王和人民起义节（8月20日）

青年节（穆罕默德六世国王生日）（8月21日）

绿色行军纪念日（11月6日）

独立日（11月18日）

2. 以下节日按伊斯兰历计算，每年日期有所不同

伊斯兰历新年元旦：放假1天。

开斋节：庆祝斋月结束，放假2天。

宰牲节：摩洛哥民众最重要的传统节日，放假2天。

先知生日：纪念先知穆罕默德诞辰，放假2天。

特别提示：每年8月前后为摩休假期，摩政府部门、企业等的工作人员陆续休假。

五、天气信息

摩洛哥气候类型多样，总体来说处于亚热带地区。沿海一带受大西洋和地中海的影响，气候较为温和。中南部为山地和沙漠气候，夏季炎热干旱，沙漠里气温可达50多摄氏度，冬季则气温较低，山区会出现降雪天气。